资治通鉴故事

少年读全景

② 汉纪 上

廖志军 编著

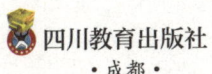

四川教育出版社
·成都·

图书在版编目（CIP）数据

少年读全景资治通鉴故事. 2，汉纪. 上 / 廖志军编著 . — 成都：四川教育出版社，2021.10
ISBN 978-7-5408-7789-7

Ⅰ. ①少… Ⅱ. ①廖… Ⅲ. ①中国历史—古代史—编年体 ②《资治通鉴》—少年读物 Ⅳ. ① K204.3-49

中国版本图书馆 CIP 数据核字（2021）第 181939 号

SHAONIAN DU QUANJING ZIZHITONGJIAN GUSHI 2 HANJI SHANG
少年读全景资治通鉴故事 2 汉纪 上
廖志军　编著

出 品 人	雷　华
责任编辑	肖　勇
责任校对	杨　波
封面设计	路炳男
版式设计	闫晓玉
责任印制	田东洋
出版发行	四川教育出版社
	地　　址　成都市黄荆路 13 号
	邮政编码　610225
	网　　址　www.chuanjiaoshe.com
印　　刷	德富泰（唐山）印务有限公司
制　　作	闫晓玉
版　　次	2021 年 12 月第 1 版
印　　次	2021 年 12 月第 1 次印刷
成品规格	188mm×245mm
印　　张	9
书　　号	ISBN 978-7-5408-7789-7
定　　价	168.00 元（全 6 册）

如发现印装质量问题，影响阅读，请与本社联系。总编室电话：（028）86365120
编辑部电话：（028）86365129

目录 公元前206年~公元219年

◎少年读全景资治通鉴故事2 汉纪 上

鸿门宴 ○○一
刘邦入关，项羽恼怒
项庄舞剑，意在沛公
借故离席，逃归大营

楚汉分界 ○○四
号召诸侯，讨伐项羽
相持不下，鸿沟分界

垓下之战 ○○六
撕毁和约，攻击霸王
诸侯合击，垓下被围

楚霸王自刎乌江 ○○八
四面楚歌，霸王别姬
无颜过江，自刎身亡

刘邦称帝 ○一○
称帝建汉，迁都长安
继承秦制，巩固皇权

开国良相萧何 ○一二
辅佐刘邦，赢取天下
坐镇关中，保障军饷
开国功臣，众卿之首
功高遭疑，自污名节

张良运筹帷幄 ○一五
反秦复国，因缘得书
扶持韩王，妙计入关
屡出奇谋，安定天下

韩信遭诛 ○一七
功高震主，被贬为侯
策划谋反，事发遭诛

樊哙闯帐救主 ○二○
攻城拔寨，劝主勿贪
鸿门险宴，闯帐救驾
征讨叛军，大胆进谏

叔孙通制汉礼 ○二二
博才多学，制定礼仪
出任太傅，辅佐惠帝

田横五百士 ○二五
从兄反秦，自立为王
齐国灭亡，避难海岛
不堪受辱，引颈自刎

白登之围 　　〇二八
韩王反叛，高祖出征
白登被围，奇计脱困

彭越之死 　　〇三一
聚众为盗，助汉攻楚
部将诬陷，蒙冤遭杀

英布谋反 　　〇三三
反秦归汉，屡立战功
起兵反叛，兵败而亡

吕后专权 　　〇三六
高祖亡故，吕后掌权
心狠手辣，报复异己
专权乱政，病重而终

仁弱之君汉惠帝 　　〇三八
仁弱之君，继承帝位
推行惠政，英年早逝

曹参无为治国 　　〇四〇
开国功臣，齐国求贤
待人宽厚，不计小过
萧规曹随，安国利民

周勃平灭吕氏 　　〇四二
功劳卓著，赐封绛侯
当机立断，诛灭吕氏

夏侯婴终生受宠 　　〇四四
追随沛公，力救太子
屡建战功，终生受宠

文帝治国有方 　　〇四六
拥立为帝，巩固皇权
节俭爱民，虚心纳谏
体恤民情，开创盛世

神奇谋士陈平 　　〇四九
胸怀壮志，营救刘邦
投奔汉王，施展奇才
智释樊哙，全身远祸
灵敏机智，晋升为相

贾谊上疏论政 　　〇五二
少年得志，仕途顺利
元老排斥，贬官外放
上书言事，切中时弊
深切自责，忧郁而亡

张释之严于执法 　　〇五五
机智灵敏，勇于劝谏
依法量刑，不谀君王
犯颜执法，一代清官

开明君王汉景帝 　　〇五七
休养生息，国泰民安
发展教育，打击豪强
宽厚仁慈，患病逝世

晁错削藩 　　〇五九
文帝赏识，景帝宠幸
位高权重，提议削藩
替罪羔羊，冤死刀下

周亚夫平乱 　　〇六一
出身将门，细柳扬名
神机妙算，平定乱事

国之爪牙郅都　　　〇六四
镇压豪强，执法不阿
得罪太后，蒙冤而死

窦太后干政　　　〇六六
晋升皇后，关照家人
溺爱幼子，干预立储
力尊黄老，排斥儒术

一代英主汉武帝　　　〇六九
时来运转，入主东宫
登上皇位，改革受阻
统一思想，加强集权
晚年悔过，轮台罪己

马邑之谋　　　〇七二
商讨计策，引诱匈奴
叛贼泄密，单于退兵

飞将军李广　　　〇七四
将门世家，技艺高超
死里逃生，威震匈奴
英勇善战，军功难立
不甘受辱，悲壮自刎

大将军卫青　　　〇七七
出身卑贱，因祸得福
晋升为将，屡立战功
决战匈奴，官至司马

霍去病为国忘家　　　〇八〇
少年英武，大战匈奴
用兵灵活，功盖当代
追敌千里，封狼居胥

张骞通西域　　　〇八三
肩负使命，出使月氏
不畏艰辛，开通丝路

汉朝收三越　　　〇八五
叛贼作乱，汉军平定
南越反叛，出兵征讨

汉军远征大宛　　　〇八七
一征大宛，伤亡惨重
二征大宛，大捷而归

李陵叛投匈奴　　　〇九〇
名将之后，率兵出征
兵力悬殊，嗜血杀敌
叛徒出卖，兵败降敌

苏武牧羊　　　〇九三
出使匈奴，兵变遭扣
众人规劝，宁死不降
朝廷要人，苏武还乡

良吏黄霸　　　〇九六
一心为官，教化治民
犯颜获罪，直心不改

酷吏张汤　　　〇九八
继承父职，精通律令
公报私仇，自杀身死

倪宽体国恤民　　　一〇一
学识渊博，一心为民
体国恤民，百姓爱戴

社稷之臣汲黯　　　一〇四
秉公事职，犯颜直谏
不畏权贵，一代直臣

崇尚宽大，关怀下属
不问小事，抓住根本

窦婴舍身救友　　一〇七

酒醉失言，灌夫被捕
挺身而出，当庭辩论
太后施压，惨遭杀害

理财能手桑弘羊　　一〇九

少年得志，担任农丞
整顿货币，盐铁官营

巫蛊之祸　　一一一

后宫相争，巫蛊之术盛行
奸臣挑弄，祸害无辜

霍光辅政　　一一三

武帝宠幸，临终托孤
挫败政敌，稳固地位
辅佐宣帝，病重而终

傅介子计斩楼兰王　　一一六

申奏朝廷，震慑邻国
不惧危险，勇闯楼兰

尹翁归不徇私情　　一一八

初入仕途，重臣赏识
不徇私情，刚正执法
政绩卓著，美誉满朝

贤相邴吉　　一二一

有功不夸，身登相位

赵充国安边　　一二三

军功显赫，保疆有功
老当益壮，平定西羌

外交家常惠　　一二六

功勋卓著，受封侯爵
勤劳国事，青史留名

陈汤平匈奴　　一二八

追名逐利，出兵西域
万里扬威，封侯晋爵

石显邀宠弄权　　一三一

阿谀受宠，陷害大臣
陷人有术，保身有道

昭君出塞　　一三三

入选后宫，无缘面君
自愿和亲，远赴匈奴
顾全大局，青冢留名

汉哀帝空有大志　　一三五

改革失败，耽于声色
断袖之癖，后世诟病

王莽篡汉　　一三七

攀附门庭，入朝为官
处心积虑，控制朝政
篡汉建新，危机四伏

汉纪 上　　鸿门宴

鸿门宴

听闻刘邦欲做关中王，项羽大怒。在项羽看来，如果不是自己领兵击败秦军主力，刘邦必定无法顺利入关，如今，刘邦竟想做关中王，丝毫不把自己放在眼里，简直是胆大包天，因此项羽决意向其问罪。刘邦明白自己还不是项羽的对手，所以前往项羽军中请罪。于是，项羽摆上了暗藏杀机的鸿门宴。鸿门宴过后，反秦斗争宣告结束，刘邦与项羽之间的楚汉之争正式开始。

刘邦入关，项羽恼怒

项羽率军到达函谷关时，函谷关已经被刘邦占领。项羽看到关门紧闭，又听说刘邦已经接受了秦王的投降，而且还广纳秦军兵将，封闭所有入关通道，心中非常愤怒。于是他命令英布率军攻打函谷关。经过一番激战，英布很快便将函谷关拿下。随后，项羽率领大军进驻鸿门。

这时，亚父范增建议项羽抓住时机，急速出击，一举消灭刘邦。他的理由是，刘邦本是一个贪财好色之徒，但是他入关之后，却未将金库据为己有，也未将秦朝的后宫佳丽纳为妾室，由此可见，他必有长远打算。

▼项庄舞剑
公元前206年，兵力处于弱势的刘邦为了避免同项羽作战，暗中拉拢项羽的叔父项伯，并听从张良的建议，亲自赶至鸿门赴宴。觥筹交错的鸿门宴暗藏杀机。

汉纪 上　　鸿门宴

刘邦大军的驻地距离项羽的军营较近，因此来往十分方便。一天，刘邦军中的叛徒曹无伤派人前往鸿门面见项羽，将刘邦的一些具体情况，如刘邦欲做关中王、封秦王子婴为相等，全部报告给了项羽。

项羽本来就对刘邦派兵镇守函谷关并拒绝自己入关之事气愤不已，如今听闻此言，更是火冒三丈。大怒之下，他命令三军做好准备，次日一早便出兵攻打刘邦。

项羽的叔父项伯平时和张良十分要好。他担心项羽攻打刘邦时会杀害张良，便连夜骑马赶到刘邦军中私会张良，将项羽准备攻打刘邦的事情告诉了张良，想叫张良和他一起离开。张良对项伯说："我受人之托辅助沛公，如今沛公有难，我单独逃跑是不讲道义的，必须将此事告诉他。"项伯看他心意已决，便默许了。于是，张良就把项伯透露的情况告诉了刘邦。刘邦听完大吃一惊。张良说："以目前的情况来看，主公能够抵挡住项羽的攻击吗？"刘邦坦白地说不能。张良说："我也这样想。项羽势力强大，我们不能与其硬拼，只能忍辱负重，向其示弱。因此，主公应该先向项伯表明自己忠于项羽的决心。"刘邦赞同张良的看法，随后便接见了项伯，故作诚恳地说："我进入关中后，不敢占据一丁点儿的财物，金银珠宝、珍玩美器全都记录在册，登记封存，以等待项将军的到来。我派遣官兵去把守函谷关，是为了防备盗贼和防止发生意外。我日日夜夜盼望着将军的到来，怎么敢反叛呢！希望您将我的心意告诉项将军，我并非忘恩负义之人。"项伯见他言辞恳切，便答应了。

随后，项伯回到了项羽的军营，把刘邦的话详细地报告给了项羽，并趁机为刘邦说情，说刘邦非常忠心，并没有反叛之意，还要亲自来请罪。于是，项羽取消了作战计划，答应和刘邦面谈。

项庄舞剑，意在沛公

第二天，刘邦带人来见项羽。到达鸿门后，只见军中旗帜招展，戒备森严。来到项羽帐中时，宴席已上，座位已定，上席坐着项羽和项伯，次席坐着范增。刘邦被安排在范增对面，张良则被安排在末席，身后便是帐门。

众人入席后，刘邦恭恭敬敬地向项羽谢罪，并说自己是如何忠心，绝对不会背叛项羽。项羽看到刘邦如此谦卑，心中十分得意，便不再怀疑刘邦。

◀（西汉）双环形璧
青玉，湖绿色，有乳白色斑，玉质细腻温润，透明度好，两面纹饰相同。璧面透雕为重环状，内环浅浮雕三条双尾龙，龙头制成内外二环的连接点，外环饰突起涡纹，形状精巧别致。

汉纪 上　　鸿门宴

接着，项羽明确表示将撤销命令，不再攻打刘邦。刘邦听后自然欣喜万分，并说此次误会都是因为奸人挑拨，希望以后大家可以和平相处。项羽被刘邦的好话冲昏了头脑，竟然说："所有的事情都是你的左司马曹无伤说的。不然的话，我怎么会知道呢？"范增听闻此言，吃惊不已。

看到项羽原谅了刘邦，范增十分气愤，他多次给项羽使眼色，让项羽斩杀刘邦，但项羽皆视而不见。想到刘邦的威胁，范增决心除掉刘邦。他知道不这样做的话，日后项羽必然死在此人手中。仔细思量一番后，范增便出了大帐，召来项羽的堂兄弟项庄。范增对项庄说："主公心肠太软，不忍下手杀掉刘邦。你进去上前祝酒，祝酒完毕，你就请求舞剑助兴，借机把刘邦杀了。不然的话，你们将来都会成为他的俘虏！"

项庄就进去祝酒。祝完酒，他对项羽说："主公和沛公饮酒，军营里没有什么可以用来娱乐的，请让我舞剑助兴吧。"项羽允诺了。项庄就拔出剑舞起来。这时，项伯看出项庄舞剑意在沛公。于是，他也请求舞剑助兴。项庄边舞剑边寻机刺杀刘邦，但项伯常常用自己的身体掩护刘邦，因此项庄始终不能得手。

面对眼前的刀光剑影，刘邦吓得冷汗直流。

借故离席，逃归大营

随后，刘邦借口如厕走出大帐。不一会儿，张良也来到帐外。张良让刘邦立即回营，刘邦虽然有点犹豫，但在张良等人的劝说下，还是决定马上返回霸上，让张良留下向项羽辞谢。张良问道："主公来时带了什么礼物？"刘邦说："我拿来一对白玉璧，准备献给项王；一对玉酒杯，要送给范增。刚才正赶上他们发怒，不敢献上去，你替我献给他们吧。"张良说："遵命。"

▲函谷关
函谷关位于河南灵宝，是我国历史上建置最早的雄关要塞之一，因关在谷中且深险如函而得名。

张良估计刘邦快到大营时，才进去辞行，他说："沛公酒量小，已经醉了，不能前来告辞，叫我奉上白玉璧一对，敬献给项王；玉酒杯一对，敬献给大将军。"项羽接受了白玉璧，放到座位上。范增拿过玉酒杯后便丢在地上，拔出剑砍碎了它，说："唉！这小子不值得共谋大业！日后夺走项王天下的一定是刘邦，我们将来都会被他俘虏。"

刘邦返回霸上后，立即斩杀了曹无伤。

鸿门宴上，众人表面把酒言欢，实则暗藏杀机。鸿门宴的结束，宣告了楚汉战争的开始。

▶▶ 汉纪 上　　　▶▶ 楚汉分界

汉纪 上
楚汉分界

刘邦占据关中后，率军出关大战项羽。一开始，刘邦连吃败仗，连家人都被项羽擒获。后来，刘邦逐渐占据了优势，而项羽却陷入了兵穷粮尽的困境。无奈之下，项羽只得与刘邦划分辖地，签约议和。其实，划分"楚河汉界"只是刘邦的权宜之计，他早就下定决心要消灭项羽、一统天下。

号召诸侯，讨伐项羽

关中平定后，刘邦发现项羽已经陷入齐赵联军的夹击中。他认为出兵争夺天下的时机已经到来，所以决定出关东进。就在这时，义帝被项羽杀害，刘邦闻讯后痛哭不已，随后宣告天下，希望天下诸侯合兵一处，共同讨伐项羽。这样，刘邦便在舆论上占得了优势。接着，他以为义帝发丧为名，派人联络诸侯，公开声讨项羽，从而拉开了楚汉战争的序幕。

公元前205年春，刘邦率领灌婴、曹参等进攻魏王豹，魏王豹未作抵抗便投降，并与刘邦合兵攻击殷王司马卬。汉军犹如天降神兵，而司马卬事前并未做任何准备，所以临战便败，也投归刘邦。很快，刘邦便占据了河内地区。

形势对项羽非常不利，此时他仍陷于齐地而无法抽身。于是，刘邦趁项羽在齐国无法回军的机会，率领军队渡过黄河，占领了洛阳以东的广大地区，接着一举攻占彭城。项羽闻讯后，急率精兵支援彭城。双方在彭城西相遇，结果汉军大败。刘邦虽有六十万大军，但最后全部溃逃。不久，汉军又在沛县大败，死伤惨重。接着，项羽与汉军在彭城睢水上大战，汉军仍大败，尸体堵塞了睢水。

最后，刘邦被项羽军团团围困。就在刘邦无路可退之时，突然大风骤起，碎石横飞，转眼间天昏地暗，漆黑一片。项羽军中乱成一团，刘邦便乘乱逃出重围，赶到下邑，遇到了内兄吕周的大军。而各诸侯王见楚强汉弱，便又纷纷背汉附楚。

随后，刘邦退往荥阳，其军队得到萧何征得的关中兵员的补充，而韩信此时亦率援军赶到。刘邦率军在荥阳南打败楚军，阻遏了楚军西进的攻势。此后，楚汉双方便在荥阳地区进入了相持阶段。

为了打破局面，刘邦全力争取项羽手下大将英布，通过各种方法联合反楚力量。项羽也数次

▼项羽逐范增
刘邦手下谋士陈平施反间计，使项羽以为范增勾结汉军。项羽削其兵权，范增大怒告老还乡。刘邦统一天下后曾说："项羽有一范增而不能用，此其所以为我擒也。"

汉纪 上　　楚汉分界

派人切断汉军运粮通道，并最终围困了汉军。

无奈之下，刘邦准备与项羽议和，并提出以荥阳为分界线划分辖地。项羽认为可以答应，但范增坚决反对，他认为现在正是消灭汉军的最佳时机，如果纵虎归山，必将后患无穷。于是项羽决定继续围攻荥阳。刘邦看到范增破坏议和之事，非常生气。为了除掉范增，刘邦用陈平的反间计，使项羽开始怀疑范增。此后，凡是范增的计谋，项羽都不予采纳。范增失望之下，踏上了回乡之路。由于年老多病，再加上受气，范增病逝于回乡途中。自此，项羽身边再无善于谋划之人了。

随后，项羽猛攻荥阳，此时刘邦已然无路可逃。这时，汉军大将纪信决定假扮刘邦，投降项羽。当化装成刘邦模样的纪信坐在车上出降时，刘邦等人便乘机突出重围。项羽知道上当后，气愤至极，下令烧死纪信以泄愤。

相持不下，鸿沟分界

项羽占领荥阳后，立即率军奔赴成皋，并一举将其攻克。不久，成皋又被刘邦率军夺回。项羽马上回师救援，结果双方又在荥阳相持不下。

汉军依仗险要地形，坚守不战。双方对峙数月后，楚军粮食缺乏，既不能进，又不能退，完全陷入被动。而刘邦大军则有萧何不断补充粮草。为了打破局面，项羽以烹煮刘邦之父刘太公（刘太公与刘邦之妻吕雉在彭城之战中为项羽所俘）相要挟，逼迫刘邦出城投降。刘邦说："我和你曾经'约为兄弟'，我的父亲就是你的父亲。如果你一定要煮了我的父亲，那就请便吧。不过别忘了给我也留一碗肉汤。"项羽气得七窍生烟，当场下令杀死刘太公。旁边的项伯赶紧劝道："将军，现在谁能得天下还很难说，何况争天下的人都是不顾家人生死安危的，杀了他的亲人也起不了什么作用，反倒会增加双方的仇恨。"项羽听了，只得作罢。

之后，项羽又约刘邦单打独斗。刘邦大骂项羽，历数他的种种罪状，如违背咸阳之约、杀死首领宋义、杀死秦王子婴、坑杀秦卒二十万、暗害义帝等，还说要率领众将领诛杀项羽。项羽听后火冒三丈，拉弓射了刘邦一箭，结果正中刘邦的胸部。刘邦为了稳定军心、迷惑项羽，便故意弯腰摸脚道："真是蠢物，射技太差了，只能射到我的脚趾。"项羽无计可施，只好率军回营。

楚汉双方一直对峙了一年多，因为有关中和蜀地的支援，刘邦逐渐占了上风，而项羽则兵源缺乏，粮草不足，再也难以和刘邦抗衡。在这种情况下，刘邦让项羽释放自己的家人。迫于无奈，项羽答应了刘邦的条件，并和刘邦签下了停战协定：楚汉以鸿沟为分界线，东西分治，东归楚，西归汉。

楚汉分界是项羽实力由强盛走向衰弱的标志。

▼高方座承兽铜盘
出土于新疆乌鲁木齐阿拉沟墓，上为方盘，宽平折沿，盘中央立双兽，形似狮子，盘下为方形喇叭状高圈足。

汉纪 上

垓下之战

划分楚河汉界后，项羽已经丧失了战略优势，但他深信"鸿沟和约"之力，对汉军没有丝毫戒备，便率军后撤，这给了刘邦乘势追击的机会。面对刘邦大军咄咄逼人之势，项羽决定退守垓下，这是一个重大的战略失误。其实，项羽并不是无路可退，但他却顽固地与刘邦对峙，最终导致楚军陷入汉军的重重包围之中。

撕毁和约，攻击霸王

项羽签约后，便马上领兵回归后方基地。此时，占据齐鲁大地的韩信也已经自立为齐王。

项羽走后，刘邦本来也打算领兵回关中。但是，张良和陈平极力劝说刘邦趁机灭掉项羽，因为这时项羽缺粮少兵，若让他回到彭城，就等于纵虎归山。刘邦听了赶紧命令追击，同时命令韩信和彭越快速进兵，攻击项羽。

公元前202年，刘邦率领大军追上了项羽，但是到了固陵时，韩信和彭越的军队却还没有到来。项羽察觉后，便向汉军发动猛烈反击，并一举将汉军击溃。

眼见形势不妙，刘邦问谋士张良："如今我们陷入如此境地，韩信和彭越却没有按时赶来，军师有什么良策吗？"张良说："项羽现在已经是强弩之末，而韩、彭二人尚未得到封地，肯定是在静观其变。为今之计，只要主公许诺将来对二人封地赐爵，他们两个肯定会火速进兵。当初，主公不愿意封韩信为齐王。至于彭越，攻克梁城后，由于魏王豹在位上，所以只能当丞相。如今，魏王豹已死，他当然希望可以做魏王了。因此，现在只能封给韩信齐地，封给彭越梁地。如果这样做，他们两人肯定能合力攻楚。到那时，项羽必败无疑。"刘邦很赞同张良的看法，便马上派人去见韩信和彭越，许诺二人击败项羽后立即封他们为齐王和梁王。韩信和彭越也很快有了回音：立即进兵。

此前，刘邦为了联合南方诸侯共攻项羽，已经封英布为淮南王。至此，汉军南、北、中三路大军与楚军最后的决战一触即发。

不久，韩信率军南下，以一部分兵力引诱楚军出击，双方战于九里山一带。楚军掉入韩信大军的埋伏圈，大败而逃。紧接着，韩信命令骑兵部队向彭城进攻，一举占领彭城，楚国许多大将都

◀ 霸王别姬

楚霸王英雄末路，虞美人自刎殉情——这悲壮的一幕已定格在文学作品中，定格在传统戏曲的舞台上，成为中国古典爱情传奇中荡气回肠的一幕。

汉纪 上　　垓下之战

◀ 垓下古战场遗址
垓下古战场位于安徽灵璧，是楚汉双方最后决战的战场。

被汉军俘获。之后，汉军接着向萧、谯、苦等地推进，并相继攻克了江东大部分地区，最后兵临项羽的大军后营。

项羽兵败，丢失彭城，此时江东大部分地区都已被汉军占领，他眼见无法稳定局势，便率领亲信将领们携物资撤退。公元前202年冬，项羽率军撤退到垓下，他和季布、钟离眛等人分析后认为，垓下易守难攻，是一个非常理想的军事要地，因此众人决定在垓下整军备战，迎击汉军。

诸侯合击，垓下被围

得知项羽率军撤退，韩信便一直率军追击。项羽退至垓下后，楚旧将周殷投归刘邦，后又率领九江军占领了楚地，随后还联合汉将刘贾攻占了城父。当时，垓下东北驻扎着齐王韩信的齐军，西南驻扎着英布的部队，北部驻扎着梁王彭越指挥的梁军。各路大军将垓下彻底包围后，便开始积极准备与项羽军

的大战，以求将项羽军完全消灭。

经过一番考察后，韩信决定在垓下设下十面埋伏，然后设法将项羽引入埋伏圈。为了让项羽中计，韩信让士兵冲着楚营大喊："人心都背楚，天下已属刘；韩信屯垓下，要斩霸王头！"

项羽听后，怒骂道："你这逆贼，死不足惜。如果有胆量，马上出来与我一战，我定会亲手砍下你的头！"随后，他果真率军攻击韩信军，但很快发现四周都是汉兵，这才明白自己中计了。

不久，刘邦、韩信、刘贾、彭越、英布等率领各路军队大战楚军。汉军以韩信军为主力，孔熙军和陈贺军为辅，刘邦则率军跟进，周勃率军断后。结果，汉军大败楚军。

垓下之战是楚汉之争的终点，在中国历史上具有非常重要的意义。因规模空前、影响巨大，垓下之战被列入世界古代七大著名战役，有"东方滑铁卢"之称。

▶ 陶虎
虎作伏卧前驱状，头略上昂，二目圆睁，形象威猛。我国很早就有用虎像护门以驱除邪祟的习俗，两汉时期的墓葬中出现的虎的形象，也是为了达到镇墓驱邪的效果。

汉纪 上　　楚霸王自刎乌江

汉纪 上
楚霸王自刎乌江

项羽被汉军围困于垓下后，四面汉军都唱楚歌，使他误以为楚地尽失。项羽惊恐之下，方寸大乱，竟然抛下十万大军，仅率八百余精骑突出重围，来到乌江边。最后，项羽以无颜见江东父老为由拒不过江，自刎而死。项羽之死，标志着楚汉之争的结束。身为武将，项羽以其勇猛光耀后世；身为领导者，项羽却以其有勇无谋最终饮恨乌江。

四面楚歌，霸王别姬

项羽被汉军围困于垓下，军队缺兵少粮，处境非常艰难。在前线作战的楚兵，每当停战时，便听到四周有人在唱楚地歌曲。士兵们听到故乡的歌曲，再看看自己现在的处境，不由心生凄凉，战斗力也因此大打折扣。此时，项羽的叔父项伯已经被刘邦收买，他反复规劝项羽夜间巡营，就是为了让他听到楚歌，以此来瓦解他的斗志。项羽听到这些歌声后，吃惊地说："汉军已经攻占楚国全境了吗？为什么他们军中会有如此多楚人呢？"为此，项羽很是烦恼，经常饮酒消愁。

不久，许多曾追随项羽南征北战的士兵均不辞而别。最后，楚军士兵只剩千人。

项羽有位宠妃，名叫虞姬，还有一匹宝马，叫骓。项羽想到伤心处，便边喝酒边唱歌："力拔山兮气盖世，时不利兮骓不逝，骓不逝兮可奈何，虞兮虞兮奈若何！"虞姬听到此歌，不胜伤感，也唱道："汉兵已略地，四方楚歌声。大王意气尽，贱妾何聊生？"唱完便抽刀自杀了。项羽看见爱姬自刎而死，不禁泪流满面。其属下看到这种惨状，也都泪流满面，全军都沉浸在悲伤的气氛之中。

安葬虞姬后，项羽跨上战马，部下八百多人骑马跟随，当晚便突出重围。直到天亮时分，汉军才察觉，韩信立即命令将领灌婴率领骑兵追击项羽。项羽急于突围，结果许多骑兵未能跟上他。当他渡过淮河后，身边只剩下一百多名骑兵。

项羽逃奔到阴陵时迷路了，于是向一个农夫问路，老农骗他说："往左拐。"项羽便率部往左走，但没走多远，众人的马匹就陷入了一片低洼地里。

▲项羽衣冠冢

今安徽和县乌江镇东南的凤凰山上建有霸王祠，祠中有项羽衣冠冢。衣冠冢由青石砌成，呈椭圆形。

眼看汉军就要追上来了，项羽又率部向东走。到了东城的时候，他身边只剩二十八个骑兵了，而追击的汉军则有几千人。

项羽估计这次无法逃脱了，便对手下说："我从起兵打仗到现在已经八年了，经历过七十多次战斗，几乎从没有败过，因此才称霸天下。但是，我今天却被困在这里，我已抱定必死之心，愿和大家痛快地打一仗。在强敌包围之中，我也可以斩杀汉将，砍倒帅旗，让各位明白，这是上天要亡我，而

汉纪 上　　▶▶ 楚霸王自刎乌江

不是我不会打仗。"

随后，项羽就把他的随从分为四队，朝着四个方向冲杀。项羽大声呼喝向下直冲，很快就斩杀了汉军一员大将。汉军把军队分成三部分，重新包围上来。项羽又冲出去，斩了汉军又一员大将，并杀死一百多人。之后，项羽清点他的骑兵，发现只不过损失了两个人，便问他的随从："我打得怎么样？"骑兵们都佩服地说："大王真是勇猛无敌！"

无颜过江，自刎身亡

接着，项羽趁乱杀出重围，一路向南狂奔，来到了乌江边。当时，乌江的亭长正撑船靠岸等待项羽，他对项羽说："江东虽然地方小，但也方圆千里，还有几十万的百姓，足够您称王，请大王急速过江。这里只有我有船，汉军即使追到这里，也没有船只可渡。"

项羽说："上天要灭我，我还渡江干什么？我当初带领江东子弟八千人渡过乌江向西挺进，但现在无一人生还，即使江东的父老兄弟怜爱我，仍然拥我为王，我也无脸见他们哪！我知道您是忠厚的长者，这匹马跟随我五年了，它日行千里，我不忍心杀掉它，就把它送给你吧！"说完，项羽便命令部下下马，拿刀与汉军厮杀。项羽一人就杀死汉军几百人，但他本人也受了重伤。

此时，项羽已经无力再战了。他突然看到了汉军骑兵司马吕马童，便对他说："你不是我的老战友吗？我听说汉王用黄金千两封邑万户悬赏来取我的脑袋，我就将此头送与你吧！"说完就自杀了。

项羽死后，刘邦很快便占领了西楚大地。在张良的建议下，刘邦以国君之礼厚葬了项羽，而且还亲自祭奠他。

▼项羽乌江自刎
项羽英雄末路，带着少量兵卒逃至乌江，最终自刎于江边。

少年读全景
资治通鉴故事 2

▶▶ 汉纪 上　　▶▶ 刘邦称帝

公元前202年,刘邦登基称帝,建立了大汉王朝,并采取了众多措施来巩固政权。政治方面,汉承秦制,刘邦沿用了秦朝建立的中央集权制度;经济方面,汉初采取休养生息之策,减轻人民的徭役负担。

汉纪 上
刘邦称帝

称帝建汉,迁都长安

公元前202年,刘邦按照与韩信、彭越的约定,立韩信为楚王、彭越为梁王。此外,刘邦还下令赦免全国的罪犯。此时,刘邦已然成为天下统帅。不过,为了避免重蹈项羽裂土封王导致诸侯纷争的覆辙,刘邦并未马上按功封赏,只是将韩信、彭越、张耳和英布等功勋卓著的人封了侯。

为了稳定局势,许多诸侯联合文臣武将共同上书刘邦,请他即位称帝。刘邦起初假意辞让,但众人说:"大王虽然出身贫寒,但能率领众人灭亡秦朝,诛杀项羽,统一天下,功劳显著,所以您称帝是众望所归。"刘邦顺水推舟地说:"既然大家一致要求我当皇帝,为了天下百姓的福祉,就按你们说的办吧。"

不久,刘邦登基称帝,定国号为汉,史称汉高祖。刘邦认为洛阳有龙虎之气,于是定都于此。同时封吕雉为皇后、刘盈为太子。不久,刘邦又大封功臣,有七位功臣被封王:楚王韩信、赵王张耳、韩王韩信(为避免与受胯下之辱的功臣韩信混淆,史称韩王信)、梁王彭越、淮南王英布、燕王臧荼、长沙王吴芮。

随后,刘邦在都城洛阳大宴群臣。席间,刘

▶ 汉高祖刘邦像
刘邦在楚汉之争中战胜了项羽,建立了汉朝。建朝之初,他下令休养生息,以文治天下,同时尊崇儒术,取得了良好的效果。

▶▶ 汉纪 上　　　　▶▶ 刘邦称帝

邦说："夫运筹帷幄之中，决胜千里之外，我不如张良；镇国家，抚百姓，给馈饷，不绝粮道，我不如萧何；连百万之众，战必胜，攻必取，我不如韩信。他们三位都是人中龙凤，我能任用他们，所以取得了天下。项羽只有一个范增，却不用，所以被我击败。"群臣听后，无不敬服。

不久，有一个叫娄敬的人面见刘邦，说大汉和先前的周朝不一样，所以不应该像周朝那样定都洛阳，应该到关中定都，这样便可以在秦地固守险地，国家才能长治久安。张良十分赞同娄敬的建议，也认为关中是"金城千里，天府之国"，进退自如，因此力劝刘邦迁都长安。最后，刘邦同意了迁都之议，很快便将都城迁到了长安。

继承秦制，巩固皇权

汉朝的政治制度几乎全部沿用了秦朝，中央实行三公九卿制，地方实行郡县制。除此之外，汉朝还实行封国制。所谓封国制，就是让诸侯王治理封地属国。后来，经过刘邦的清理，汉初分封的七个异姓王，除了长沙王吴芮外，其余都被消灭。此后，汉高祖又分封了九个同姓王，他们都是高祖的子侄兄弟。不过，同姓王仍然叛乱不断。

为了显示皇权的威严，刘邦可谓煞费苦心。连他的父亲刘太公看到刘邦也要躬身行礼。不久，刘邦又下诏尊太公为太上皇，这样不但显示了皇帝的威严，也显示了皇帝的孝敬之心。

接着，刘邦通过处理季布和丁公来威慑群臣。楚汉之争时，季布和丁公都是项羽手下的大将。季布几次领兵将刘邦打败，丁公也领兵追击过刘邦，但最后放过了他。刘邦做皇帝后，记恨季布打败过自己，就把他抓了起来。但想到自己也需要这样的忠臣来辅佐，就不再记仇，不但放了他，还对他封官加爵。丁公听说后，觉得连季布这样给过刘邦难堪的人都能做官，他这个曾对刘邦有恩的人就更不用说了。不料，他却被刘邦逮捕下狱。刘邦在朝廷上对众臣道："丁公做项羽的将领时不忠，就是他这种人使项王败于我手。"刘邦下令处死了丁公，以警示众人要做忠臣，不要学丁公。

在思想上，西汉以儒家思想为主，以法家思想为辅，取消秦朝"严刑峻法"的做法，废除连坐法及夷三族，提出了"德主刑辅"（即以教化为主、刑罚为辅）的思想，取得了宽柔相济、严松相当的统治效果。

由于秦末农民起义的打击，社会生产遭到严重破坏，农民生活困难。汉初采取了休养生息的政策，减免徭役，减轻人民负担。这些措施的实行，使百姓得以生息，民心得以凝聚，生产得以发展。到高祖末年时，社会经济已明显好转。

刘邦生于乱世，起兵反抗暴秦，经过一番血战，最终一统天下，建立了大汉王朝。在其统治期间，汉朝建立了一套行之有效的政治体制和经济制度。大汉王朝是中国历史上实力最强大的王朝之一。

▲神人祥兽宜字玉牌
玉牌主体呈长方形，中心透雕"宜"字，上部雕刻舞袖仙人和腾云神兽，下部为卷云纹。整个玉牌构思奇妙，立意深刻，雕琢精细，堪称佳品。

少年读全景 资治通鉴故事 2

▶▶ 汉纪 上　　▶▶ 开国良相萧何

萧何，汉初三杰之一。刘邦起兵之初，萧何便已跟随左右。在刘邦一统天下的过程中，他立下了汗马功劳。刘邦被封为汉王后，便任命萧何为相。此后，萧何又将韩信推荐给刘邦。楚汉争霸时，萧何镇守关中，将关中打造为汉军的根据地。刘邦处于困境时，萧何征召士兵，筹备粮草，并源源不断地运往战场。正是因为拥有强大的后勤保障，刘邦才能最终击败项羽，一统天下。刘邦登基称帝后，论功行赏，萧何被封为侯，位列众卿之首。

汉纪 上
开国良相萧何

气，并说："您在汉中称王，即使条件再差，也比白白去送死好吧？"刘邦不解地问道："怎么是白白送死呢？"萧何答道："主公现在的实力不如项羽，如果贸然去攻打他，肯定会败，这难道不是白白送死吗？现在看来，蜀中地势险要，最适合我们积蓄实力。只要我们关爱百姓，广纳贤才，日后同样可以争夺天下。"

刘邦听了萧何的话，如梦初醒，连连称是。之后，他封萧何为丞相，并率军进入汉中，韬光养晦，为一统天下做准备。

辅佐刘邦，赢取天下

萧何，沛县丰邑中阳里人。萧何曾当过沛县的主吏掾，平日十分好学，对历代律令很有研究。萧何很喜欢结交朋友，他与刘邦是贫贱之交。当时，刘邦只是一个小亭长。

公元前209年，刘邦起兵抗秦，不久率军直抵关中。萧何当时则负责管理地方事务，保障军队的后勤供应。

公元前206年，刘邦率军进入咸阳。不久，项羽也率军入关，并自封为西楚霸王，同时封刘邦为汉王，以偏僻的巴、蜀和汉中地区作为刘邦的封地。刘邦憋了一肚子气，要和他决一死战。

萧何冷静地分析了当时的形势，劝刘邦不要逞一时意

坐镇关中，保障军饷

不久，刘邦率军向东进发，留下萧何管理巴、蜀，为大军提供粮草。很快，刘邦便率军占据了关中。随后，刘邦让萧何管理三秦大地，安抚民心，同时还要征召兵员，筹备粮草，为汉军提供后勤保障。

萧何入关后，看到关中因战事而破败不堪，便立即采取措施，收拾关中的残破局面。他一方面对百姓施恩，安抚民心；一方面颁布法令，建立行政机构，选

◀（西汉）半环形铰链提梁铜卣

高20厘米，口径13厘米，圆口，直腹，平底，底部附三个极矮的兽蹄形足，扁平盖，盖正中有一个乳头状的捉手。提梁中部为一半环提手，两端是铰链，与肩部的一对桥形纽衔接。

汉纪 上　　开国良相萧何

▲ "萧何月下追韩信"瓷画砖
"萧何月下追韩信"的故事千百年来广为流传，脍炙人口，是文学、戏剧和绘画作品中常见的题材。

拔有德行的人，教化民众。

另外，萧何还开放了原来秦朝的皇家园地，让百姓耕种，并减免租税。这些措施使关中的农业生产很快走上了正轨，保证了汉军的粮草供给。

楚汉之争中，萧何坐镇关中，征召士兵，运送粮草，为汉军提供后勤保障；教导太子，制定法令，建立宗庙秩序。

每当刘邦缺兵少将时，萧何便立即调拨兵员前去增援。正是有了强大的后勤支持，刘邦才能屡败屡战，终至胜利。

开国功臣，众卿之首

公元前202年，刘邦称帝后，大宴群臣，论功行赏。刘邦认为张良、萧何、韩信是自己最得力的功臣，但萧何应居首功，于是封他为"酂侯"，食邑也最多。很多功臣因此愤愤不平，说他们都身经百战，而萧何只不过负责后勤管理，毫无战功，为什么他的食邑反而最多。听到这些议论，刘邦便问大臣们："你们知道猎狗吗？打猎的时候，追杀野兽的是猎狗，指示行踪、放狗追兽的是猎人。如今诸位只是能猎获野兽，相当于猎狗。至于萧何，他能放出猎狗，指示追逐目标，相当于猎人。况且你们只是自己一个人追随我，多的也不过带两三个家里人，而萧何却是全族人都跟随我，这些功劳怎么能抹杀呢？"群臣听后，都无言可答。

分封完毕，接着是排位次。群臣都说："平阳侯曹参功劳最大，他攻城略地，战功赫赫，身受七十多处伤，应排第一。"刘邦已经封萧何为侯，对排位次的事也就不好再说什么，不过，他心里仍然认为萧何应该排在第一。

这时，关内侯鄂君说："在楚汉相争中，陛

汉纪 上　　开国良相萧何

下有好几次都是全军溃败，只身逃脱，全靠萧何从关中派出军队来增援。有时，就是没有陛下的命令，萧何也一次派遣几万人，正好救了陛下的急。不仅是士兵，军粮也全靠萧何在关中供应，才保证了军队的后勤。这些都是流传后世的大功劳，怎么能把像曹参等只是立过一些战功的人列在萧何的前面呢？应该是萧何功劳最大，曹参次之。"

这番议论正中刘邦下怀，于是刘邦便把萧何列为第一，并特许他穿鞋带剑上殿，而且还封赏了萧何的父子兄弟十余人。就这样，萧何成为西汉第一功臣，被称为"开国第一侯"。

功高遭疑，自污名节

自西汉开国以来，刘邦对萧何信任有加，恩宠备至。但是，当刘邦带兵出征后，却常常派使者回长安询问萧何的近况。当使者告诉高祖，萧何如何关爱百姓，百姓如何拥护萧何时，刘邦便沉下脸去，不言不语。萧何对刘邦的这一举动很是疑惑。

一天，萧何将此事告诉了一个门客。门客忙对萧何说道："相国大人，灾难就在眼前，你赶快采取措施补救吧！"萧何听后，惊问原因。"你居相国之位，功称第一，如此勤勉，还想再高升吗？大人从入关中开始，至今已十余年了，深得百姓拥戴。皇上之所以不断地询问您的情况，就是怕您深得民心，有反叛之意。依我之见，大人不如在京师多置田地，强迫百姓贱价卖地，败坏自己的名声，使关中百姓都骂您。这样，皇上认为你贪财，没有政治野心，也就放心了。"

萧何自任相国以来，一心为国，不谋私利，但为了消除皇上对自己的猜忌，他不得不采纳这位门客的建议，故意欺行霸市，抢夺百姓物产，自污名声。果然，萧何的骂名很快就传到了刘邦那里，

▲ 刘俊《汉殿论功图》
出自明代画家刘俊之手，画中描绘的是汉高祖刘邦建国后其功臣们在殿上争功邀赏的场景。

听后，他心里畅快无比。出征归来后，关中百姓拦道向高祖上书，控告萧相国欺压百姓，欺行霸市。高祖回朝后，笑着对萧何说："相国竟如此大胆，抢夺百姓物产，欺行霸市！"随即便把百姓的上书交给萧何，说："你自己去向百姓谢罪吧！"从此刘邦便不再怀疑萧何了。

无论是在楚汉争霸时，还是在汉朝建立后，萧何的所作所为，都体现出一个古代政治家的良心和智慧。他一生对国家忠心耿耿，对百姓关爱有加，使大汉王朝国泰民安。正是因为其显著的功绩，他今天依然广受百姓敬仰。

汉纪 上 — 张良运筹帷幄

张良是汉朝开国功臣，他可以"运筹于帷幄之中，决胜于千里之外"，堪称奇才。在乱世之中，他胸怀国破家亡之恨，运筹帷幄。危机重重的鸿门宴上，他智救刘邦脱险；楚汉争霸中，他妙计频出，帮助刘邦平定天下。作为汉初三杰之一，他为大汉王朝的建立立下了汗马功劳。

反秦复国，因缘得书

张良，字子房，一说是安徽亳州人，先祖是战国时期韩国人，祖父、父亲都曾在韩国为相。秦灭韩国时，张良拿出全部家产，寻访刺客，谋划刺杀秦始皇，为韩复仇。后来，他找到一个力士，并为其制作了一把重六十千克的铁锤，准备寻找时机刺杀秦始皇。

公元前218年，秦始皇率大队人马离京东游。张良与力士打算趁机锤击秦始皇，结果误中副车，张良不得不急速而逃。秦始皇下令全国搜捕刺客，张良只好隐姓埋名，藏到了下邳。

有一次，张良到桥上散步，遇到一位老人。老人走到张良面前时故意把鞋子掉到桥下，然后对张良说："小子！去把鞋给我捡回来。"张良见他是个老人，便强压怒火，下桥给他捡了回来。老人又命令他给自己穿上，张良于是给老人穿上了鞋子。穿好后老人便笑着走了。不一会儿，老人又返回来，让张良五天后在桥上等他。张良很惊讶，但还是答应了。

五天后，天亮时分张良去了，可老人早就到了。老人训斥他不该迟到，让他五日后再来。五天后，张良拂晓时就去了，结果老人还是比他先到。老人又让他过五天再来。这次张良半夜就去了。老人很满意，送给他一本书，并说："读此书则可为王者师，十年后天下大乱，你可用此书兴邦立国，十三年后再来见我。"说罢，扬长而去。这位老人就是传说中的神秘人物——圯上老人。张良惊喜异常，天亮时分捧书一看，乃《太公兵法》。从此张良日夜学习兵法，终于成了一个深明韬略、足智多谋的"智囊"。

扶持韩王，妙计入关

公元前208年，楚怀王后人熊心被项梁拥立为王，然后号召各路起义军灭秦。张良不忘国仇，忙

▲张良遇圯上老人

张良经过"取履""跪履"之辱，两次迟到之斥，三起早床之苦，十五天苦等之累等重重考验之后，终于得到了《太公兵法》。

汉纪 上　　▶▶ 张良运筹帷幄

对项梁提议立韩王后裔为王,说这样可以召集更多力量反秦。项梁一口答应,于是命人找到韩王成,将其立为韩王,并封张良为司徒。张良"复韩"的目的终于达到了。

此后,张良竭尽全力扶持韩王成,但迟迟未能开创大局面。这时,熊心命刘邦、项羽分兵伐秦。刘邦攻克颖川后,韩王和张良便与刘邦会合了。刘邦请韩王留守阳翟,让张良随军南下。

刘邦率军抵达峣关,想要强攻,张良认为不可轻举妄动。刘邦唯恐项羽大军先入关中,心急如焚。张良向刘邦献了一个智取的妙计:"我听说峣关守将是个屠夫的儿子,这种市侩小人,只要用点财币就可以打动他。您可以派先遣部队,准备五万人的粮草,并在附近山上遍插军队的旗帜,虚张声势。然后再派人带上大量珍宝财物去劝诱那守将,事情必成。"刘邦依计而行,峣关守将果然献关投降,并表示愿意和刘邦联合进攻咸阳。刘邦大喜,张良却冷静地分析道:"眼下只不过是峣关的守将叛秦,他部下的士卒未必服从。为今之计,不如趁秦兵不备将其全部消灭。"于是刘邦率兵向峣关突然发起攻击,结果大败秦军,占领峣关。然后刘邦大军继续西进,很快便到达灞上,进入咸阳。

屡出奇谋,安定天下

刘邦占据咸阳,预示着楚汉之战即将开始。公元前204年,刘邦被项羽包围在荥阳。刘邦为摆脱困境,打算采用郦食其之计,让六国后裔复国,牵制项羽。张良立即劝道:"很多人跟随你四处奔走,就是想以后得到封地。但你现在却要扶植六国后裔,等于把这些人的希望灭掉了,他们肯定会离开你。"刘邦听后,马上撤销了复建六国的命令。

后来,项羽兵败自刎于乌江,刘邦则在定陶汜水之阳登基称帝。刘邦称帝后,封张良为留侯。

张良对巩固汉朝政权做出了重要贡献。首先,汉朝建立之初,很多将领争论不休,认为天下已定,而自己却没有得到封地,因此非常不满,张良建议刘邦先封自己最不喜欢的雍齿为侯,以此来稳定人心。其次,张良认为关中乃"金城千里"的天府之国,进退自如,建议刘邦入关定都长安。再次,张良对刘邦选择继承人产生重大影响。刘邦认为太子刘盈太过软弱,因此他十分喜欢皇子如意,一直想让如意取代刘盈。吕后让张良帮忙,张良便让太子去请刘邦一直想请但请不来的德高望重的商山"四皓",后来四皓果真陪太子入朝,刘邦看到太子得民心,便打消了改立太子之心。

张良一生,为建立大汉王朝做出了重要贡献。战场上,他运筹帷幄,决胜于千里之外。张良的奇谋妙计几乎无人可比,后世史家将张良誉为"谋圣"。

▲(西汉)尚方博局纹镜
直径16.3厘米,圆形镜,半球形钮,四尖叶形座,座外的篆体阳文之十二地支与十二枚小乳丁相间排列成正方形,其外为凹面宽条之大方格与博局纹。整个器物造型古朴,立意深远。

| 汉纪 上 | 韩信遭诛 |

汉纪 上
韩信遭诛

身为汉军主将，韩信官高位尊。自投奔刘邦后，他率军攻无不克，战无不胜，并在垓下围困楚军，逼死项羽。在此期间，韩信几乎从未战败过，可谓常胜将军。作为秦末汉初最优秀的将领，韩信用兵最大的特点就是灵活。韩信算是中国古代战争史上最善于灵活用兵的将领之一，指挥的众多战事都堪称中国军事史上的经典战役。

功高震主，被贬为侯

刘邦登基称帝后，便立即采取措施巩固皇权。最让他不放心的就是在各地的异姓王，于是他便开始逐个铲除。当时，韩信功劳卓著，兵权在握，威胁最大，因此刘邦决定首先解决韩信。实际上，韩信升为将军后，便引起了刘邦的猜忌。为了让韩信服务于己，他最初让韩信率军征战沙场，攻城拔寨。在楚汉争霸天下时，韩信率军破魏平赵，收燕伐齐，刘邦便按功封其为齐王；待汉军在垓下围困项羽后，刘邦马上晋封韩信为楚王，以使他远离根基深厚的齐地。建立汉朝政权后，刘邦便开始逐步压制韩信。

公元前201年，有人告韩信谋反。刘邦用陈平的计策，说自己要出外会见诸侯，并通知诸侯到陈地相会，其实是想抓捕韩信。到达陈地后，韩信前来觐见，结果刘邦令武士把韩信捆绑起来。韩信说："古人云：'狡兔死，走狗烹；飞鸟尽，良弓藏；敌国破，谋臣亡。'现在，天下已归大汉，

▼韩信被诛
韩信熟谙兵法，战功卓著，为西汉的创建立下了汗马功劳，其用兵之道历来为后世兵家所推崇，但他居功自傲，最后不幸被杀。

汉纪 上　　韩信遭诛

▲汉中拜将台
在今陕西汉中，由两座土台组成，相传是刘邦拜韩信为大将时所筑。

我也该死了！"但后来高祖并没有找到韩信谋反的证据，只得赦免了他，改封他为淮阴侯，并对其加以监视。韩信由此开始怨恨刘邦。

韩信深知，刘邦监视自己，主要是担忧自己的才华会对他的政权造成威胁，因此他常称病不朝，终日在家中独自生闷气。韩信十分轻视汉将周勃和灌婴，但现在自己却和他们地位相同，因此深以为耻。

一天，韩信前往樊哙府上，樊哙立即以跪拜礼迎接韩信，并说："大将军光临鄙舍，真是臣下之幸。"韩信离开后，自语道："没想到我竟然落到和樊哙同列的地步！"

朝廷之上，刘邦经常兴致勃勃地和群臣讨论众将领的才能。一天，刘邦问韩信："以寡人之才，你看能带多少兵？"韩信答："陛下能带十万兵马。"刘邦又问："那么以你之才，能带多少兵呢？"韩信怔了一下，突然狂傲地大笑："对我而言，那是多多益善！"刘邦笑着说："既然多多益善，那为何你的地位在我之下呢？"韩信说："陛下不能领兵，但善于领将，因此我才会为陛下所用。"

在被软禁的时间里，韩信与张良共同整理了先秦以来的一百八十二篇兵书，这是我国历史上第一次大规模地对兵书进行整理，为我国军事方面的研究奠定了基础。与此同时，韩信对军中律法也进行了完善和修订。此外，韩信还写了三篇兵法，但都已散佚。

有一天，韩信部将陈豨即将被调往他处任官，来韩信府上告辞。韩信屏退众人，惆怅地对陈豨说道："我可以同你说真心话吗？"陈豨表示一切听从韩信的命令。韩信说："你到任的地方，是屯聚天下精兵之地，而你又是皇上宠爱的臣子，若有人说你反叛朝廷，皇上一定不相信；但

汉纪 上　　韩信遭诛

若再有人告你反叛，皇上就会产生怀疑；若还有人告你反叛，皇上定会大怒，并将亲自率大军讨伐你。因此你不反就是死路一条，如果你下了决心，那么一旦事发，我为你在长安做内应，我们就可得到天下了。"陈豨向来崇拜韩信，便听信了其计谋，许诺一切听从韩信的指示。

策划谋反，事发遭诛

公元前197年，陈豨举兵反汉。刘邦大怒，准备亲率大军平叛。韩信以有病在身为由，拒绝同刘邦一起征伐叛军，还让人到陈豨处联系，要陈豨大胆反叛，自己在长安做内应。韩信准备在夜里假传圣旨，赦免监狱中的犯人，利用囚犯攻打皇宫。一切计划好后，只等前方消息。

这时，韩信惩罚了一位犯了错误的门客，并扬言要处死他。那位门客的弟弟听说后，便密告吕后，说韩信要起兵造反，而且将韩信的计划全部告诉了吕后。

吕后大惊，马上召相国萧何进宫商量对策。经过一番谋划，萧何派部下扮作军人，让他在外游走一段时间，最后从长安北边进入都城，假称自己受皇上指令，从前线返回，说皇上已经成功平叛，不久便要还军。

朝臣们听说叛军已灭，都到皇宫道贺，然而韩信却没有来。

次日，萧何派人请韩信进宫，但韩信以有病为由拒绝进宫。萧何又假意探病，来到韩信府上。看到相国亲自来请，韩信知道无法再装病，便出来与萧何面谈。萧何说："我们交情匪浅，今日前来确实有重要事情相告。"韩信问是什么事情，萧何欺骗他说："陛下派人回来报信，说叛军已经大败而逃。你今日不进宫道贺，已经引起了群臣猜忌。所以我亲自前来请你入宫，虽然你有病，但还是应该支撑一下，以消除皇后和群臣对你的猜疑。"听闻此言，韩信便决定与萧何一同入宫道贺。

不料，韩信刚踏进宫门，便被早已埋伏在宫中的武士捆绑起来。韩信情知中计，便大喊萧何救命。萧何却早已去往别处。吕后端坐长乐殿，尽数韩信和陈豨密谋反叛朝廷、阴谋暗害自己和太子之事。随后，吕后也未加审判，便在长乐宫的钟室里斩杀了他，并诛灭其三族。

韩信之死，与其性格有莫大关系。刘邦登基建汉后，韩信居功自傲，目中无人。他对自己和现状没有一个清醒的认识，因此遭受猜忌。他的死也是古代社会"兔死狗烹"的一个典型事例。

身为汉初三杰之一，韩信精通兵书，善用兵法，领兵以来，在沙场拼杀多年，攻无不克，战无不胜，为大汉王朝的建立做出了杰出的贡献。身为军事家，他不仅参与整理了先秦兵书，还亲自编写了三篇兵法，在丰富我国军事理论方面也是功绩显著。

▲（西汉）玉剑首
出土于山东巨野，长6.3厘米，宽4.6厘米，厚1.5厘米，其扁圆面钻有三孔，用来将其固定在剑茎顶端。

汉纪 上　　樊哙闯帐救主

汉朝开国猛将樊哙早年便与刘邦出生入死，深得刘邦信任。咸阳城里，樊哙苦口婆心劝说刘邦还军灞上，远离秦宫的女色珍宝；鸿门宴上，樊哙勇闯帅帐，力挽狂澜；入关后，樊哙提议刘邦与百姓约法三章。除此之外，他率军攻城拔寨，所向披靡，为建立大汉王朝做出了巨大贡献。

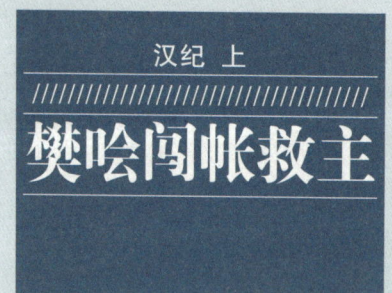

汉纪 上
樊哙闯帐救主

此后，樊哙跟随刘邦征战四方，战功显赫。抵抗章邯军队时，樊哙率先登城，斩二十三人首级，因功被赐爵为列大夫。其后，他率军很快便攻克了户牖，接着又大破李斯之子李由，被赐上间爵。在围攻赵贲的军队时，樊哙屡次冲锋陷阵，斩杀敌军首领。不久，由于攻打宛陵立功，樊哙又获赐贤成君的封号。作为刘邦的一员猛将，樊哙每次在战斗中都担任先锋官。

刘邦率部进入咸阳后，被秦朝宫室中的珍宝和女色所迷醉。看到刘邦沉湎于金银女色，樊哙力劝刘邦撤出咸阳驻军灞上。在樊哙和张良的反复劝说下，刘邦最终率军返回了灞上。

攻城拔寨，劝主勿贪

樊哙，江苏沛县人，出身贫寒，年轻时以屠狗为生。他与刘邦交情很好，刘邦做了沛公后，便让樊哙做了他的随从副官。

鸿门险宴，闯帐救驾

鸿门宴上，危机四伏。张良看到事态严重，便出帐找到樊哙，说："主公处境十分危险，此时项庄舞剑，意在沛公。"樊哙闻听，急道："情况紧急，我必须马上进去保护主公。"说罢，便带剑闯进军帐。守卫不让进去，樊哙便用随身盾牌撞倒守卫。进帐后，樊哙站在项羽对面，怒发冲冠，双眼直视项羽。项羽按住自己的宝剑准备动手，并问此人是谁。张良回答说是刘邦的卫士樊哙，项羽便让下人赏赐给他一杯酒，樊哙将酒一饮而尽。看到他如此豪迈，项羽又让下人送给樊哙一个猪腿。樊哙把猪腿放在盾牌上，用剑切着吃。项羽笑道："壮士！还能不能喝酒？"樊哙答道："我连死都不怕，还怕喝酒吗？秦二世残酷狠毒，杀人如麻，天下人都起来反抗暴秦。当初，怀王与诸侯曾有约定，谁先入关谁就为关中王。我们主公先到咸阳，却并没有占领都城，而且也没有抢

▲樊哙闯帐

鸿门宴上，樊哙持盾闯入营帐，慷慨激昂地对项羽予以斥责，说得项羽无言以对。

| 汉纪 上 | 樊哙闯帐救主 |

夺任何秦宫钱财，反而将金银财宝封存起来就退到灞上，等待大王您来接收。现在大王受小人挑唆，对我们主公不仅没有封赏，还起了疑心，甚至要杀害功臣，这与残暴的秦王有何区别？大王的所作所为，怎么能让人服气呢？我恐怕天下人都会对大王您有所不满啊。"项羽一时之间无话可说，便让樊哙坐下。于是，樊哙挨着张良坐下。

不一会儿，刘邦假装去厕所，顺便将樊哙招出，樊哙让刘邦立即回营。但刘邦认为不告而别有些不妥。樊哙道："做大事的人，不用拘泥于小节。现在，人为刀俎，我为鱼肉，再不离开就走不了了！"于是，樊哙等人保护刘邦逃走，张良则留下代刘邦向项羽辞行。

征讨叛军，大胆进谏

汉朝建立不久，便有诸侯反叛。由于樊哙勇猛异常，因此刘邦经常让他担任主帅，讨伐叛军。燕王臧荼反叛后，樊哙率军俘获臧荼，平定了叛乱。韩王信反叛后，樊哙斩杀韩王信，平定了叛乱。此后，樊哙又和周勃合兵征讨代地。陈豨反叛后，樊哙又出兵征讨，很快便大败叛军，收复辖

▲（西汉）直流镶盉
通高14厘米，口径7.3厘米。此盉素面无颈，有盖，盖正中置一兽纽衔环，纽外饰一圈凸弦纹。腹前部有管状流，腹部左侧有方形柄，中空。盉底有3只兽蹄形足，足根部饰羊首兽面，憨态可掬。

地，并因功被封为舞阳侯。

樊哙功劳卓著，再加上平叛有功，还是吕后的妹夫，因此深得刘邦信任。英布起兵反叛朝廷时，刘邦已经卧床不起，他交代宦官，无论什么人一概不见，文武大臣都不敢进宫探望。一直过了半个月，樊哙实在无法忍受了，便径直闯入后宫，其他大臣则紧随其后。进宫后，大家看到刘邦头枕着宦官的腿正在睡觉。樊哙马上哭道："当年陛下与臣等在沛县起兵抗秦，经过南征北战，历尽千辛万苦才一统天下，那是何等激动人心啊！但是，如今天下初定，陛下却因病不上朝，不与我等讨论国家大事，难道只想和宦官告别吗？前朝宦官赵高作乱之事难道陛下已经忘记了吗？"刘邦听后，大笑而起，随后便带病出征，一举平定了叛乱。

正所谓乱世出英雄，初为屠夫的樊哙在经过一番打拼后，建立了显著战功，从而被封为侯爵，成为大汉建国元勋，正应了那句话："王侯将相宁有种乎？"

◀（汉）陶马
高44厘米，体态肥硕，颈部较短，两耳前耸，双目圆睁，后肢微曲，昂首挺立，鞍鞯俱全。

少年读全景资治通鉴故事 2

▶▶ 汉纪 上　　▶▶ 叔孙通制汉礼

汉纪 上
叔孙通制汉礼

经过南征北战，刘邦终于统一天下，建立了大汉王朝。但是，在战争的摧残下，天下礼崩乐坏。汉初，群臣每次上朝时都会因争功在宫殿上大肆争吵，刘邦看到这种场面，十分生气，但又无计可施。于是，叔孙通向刘邦提出建议，希望可以制定宫廷礼仪，以显示皇权的威严。刘邦听后，表示赞同。后来，叔孙通制定的汉礼便通用于汉王朝。司马迁非常欣赏叔孙通，说他因时而变，为大义不拘小节，堪称"汉家儒宗"。

博才多学，制定礼仪

叔孙通，山东滕州人，自幼聪慧善断，灵活机变，后成长为一位才学渊博的大儒。由于声名远播，他被召入秦宫。陈胜起义后，叔孙通最初追随项梁，后来又先后追随过楚怀王和项羽。

公元前205年，刘邦攻入彭城，叔孙通率诸弟子投降。当时，刘邦看不起儒生，于是叔孙通就改穿短衣，打扮成百姓模样去见刘邦，全没有儒生的迂腐。刘邦见后非常高兴，从此便十分信任叔孙通。

此后，叔孙通经常为刘邦举荐人才，但他推举的都是刚猛勇武之人，这样一来，儒生们便对叔孙通很是不满。叔孙通对他们说："在取得天下时，君主最器重的当然是那些冲锋陷阵、驰骋疆场的武士。但是到了守护天下时，便该你们上场了。你们尽管耐心等待，我一定会及时推荐你们。"刘邦入关后，将叔孙通封为博士。

刘邦统一天下后，便下令废除秦的礼仪。但是，由于不讲朝仪，每次上朝或刘邦在宫里举行宴会时，那些开国功臣们经常在大堂上争功，夸耀自己的战绩，不高兴时甚至拔剑击柱，致使场面混乱不堪。刘邦深感忧虑，但又不知道如何处理。

叔孙通便自荐为皇帝制定朝仪，随后他前往山东邀约儒生共制礼仪。有几个儒生不肯前去，指责叔孙通道："你辅佐过的主人快要有十个了，你都是靠阿谀奉承才得以富贵。一个新建的王朝，只有经过一个世纪的教化，才能制定礼仪。今天下初定，你却要制定礼仪，必然是为了讨好刘邦，你的所作所为违背了古训。我们不愿和你同去！"叔孙通讥笑他们说："你们真是鄙陋不堪，不懂得随机应变。"后来儒生们被他的话说动，也认为其言之有理，遂同他一同去了长安。

很快，叔孙通便与从山东征召而来的儒生制定了宫廷礼仪。接着，他又带领众人反复练习这些礼仪动作。待演练成形后，叔孙通邀请刘邦前来观看。刘邦看后十分高兴，认为这些礼仪很好地凸显了皇帝的尊贵和威严，而且简单易行，于是命令大臣们进行彩排，准备在不久后的朝岁大礼上正式施行。

公元前200年，长乐宫落成。刘邦首次使用叔孙通制定的宫廷礼仪主持朝岁大礼。当天黎明时

汉纪 上　　叔孙通制汉礼

◀（西汉）彩绘乐俑
这件彩绘乐俑共五个，其中两个吹竽，三个鼓瑟。乐俑用木块雕成，然后以传粉为底，以红黑二色描绘衣着纹饰，并点缀出黑眉朱唇。

分，由专人负责将群臣一一领入殿门。当宦官高声大喊"趋"时，群臣便依次进入大殿。王侯、将军等军官在西面排成一队，向东而立；文官自丞相起也在东面列队，向西而立。然后刘邦坐着辇从房中出来，文武大臣则手拿旗帜高呼万岁。接下来，宦官按照官位高低宣朝臣上殿。地位低于诸侯王但俸禄高于六百石的官员一一向刘邦朝觐。仪式完后，酒会开始了，宫中仆人蹲在地上向群臣敬酒。从始至终，当朝御史都在场监督，如有大臣违反礼仪，则立即拉出。在这种严肃的气氛下，众人都依礼而行。

刘邦对此次朝岁大礼非常满意，认为自己终于真切体会到了身为皇帝之尊荣。大喜之下，他委任叔孙通为太常，并赐其五百斤黄金。叔孙通又为众弟子表功，刘邦悉数封他们为郎官。叔孙通又把刘邦赏赐的五百斤黄金统统分给弟子。弟子们则高兴地称赞叔孙通为当世圣人。

无疑，叔孙通是个聪明人。当刘邦需要强化皇权、彰显威严时，他便趁机请求为其制定礼仪。其后，为了让刘邦直接地感受皇帝的尊荣，他又指导群臣在朝堂上演习宫廷礼仪，使刘邦龙心大悦，从此开始信任儒生，从而为儒学在西汉的发展奠定了良好的基础。

出任太傅，辅佐惠帝

制定完宫廷礼仪后，叔孙通又制定了关于皇帝穿衣服的规则。为了体现皇帝在上朝、祭祀等时的威严，以及适应四季气候变化，叔孙通和萧何等人上书刘邦道："一年有春夏秋冬四季，所以陛下的皇袍也应该随四季变化而不同。其实，不仅是皇帝以及文臣武将，就是普通百姓，也都应该遵从天地之法，顺应季节之变穿衣，以保国泰民安。"刘邦听后表示赞同，随后下诏任命四位大臣分别管理安排皇帝春夏秋冬四季的衣服。

公元前198年，叔孙通出任太子刘盈的太傅。在担任太傅期间，叔孙通为太子答疑解惑，传授其学问。由于经常接触，他们的关系非常亲密。然而，刘邦认为刘盈过于懦弱，一直想重立太子。叔孙通以历史上一些王朝更换太子终致朝廷陷入混乱的事实劝谏刘邦。后来，在其他许多大臣的合力劝谏下，刘邦才打消了重立太子的念头。刘邦

◀（西汉）卷云纹小漆盘
出土于长沙马王堆汉墓，出土时盘内盛有少量残碎麸饼。漆盘口径18.5厘米，底内髹朱漆，中心黑地，以朱漆及灰绿色漆绘卷云纹，外围留一道朱漆窄边，加上一道黑漆边框。

| 汉纪 上 | 叔孙通制汉礼 |

▲（西汉）透雕龙凤纹重环玉佩

死后，刘盈继位，是为汉惠帝。叔孙通被任命为太常，仍然负责掌管礼仪。

叔孙通为朝廷制定的礼仪，使儒学的宗旨与功能开始被汉初君臣所了解。当儒家古礼实行于朝堂之上时，儒学的思想价值才为统治阶级所认识，儒学也逐步进入统治阶级思想的殿堂，进而得以发扬光大。

叔孙通的所作所为，为儒学的传播和发展做出了突出贡献，同时也为儒学在汉代朝廷上争得了一席之地，司马迁誉其为"汉家儒宗"。

▶▶ 汉纪 上　　▶▶ 田横五百士

汉纪 上
田横五百士

在秦末农民起义的大潮中，齐国贵族之后田横也起兵加入了反秦大军，并为消灭腐朽的秦王朝做出了重要贡献。秦朝灭亡后，田横占地称王。刘邦登基称帝后，田横不愿意归顺汉朝，因此刘邦时时刻刻想铲除田横。面对朝廷的巨大压力，田横不甘受辱，自刎而死。田横的死讯传到军中，其部下五百名壮士竟然全部自杀，如此悲壮的场面，在中国历史上实属罕见。

从兄反秦，自立为王

田横，狄县人，本为齐国贵族之后。秦朝末年，田横和大哥田儋、二哥田荣起兵反秦。他的两位兄长都曾自立为王。兄弟三人在当地威望很高。

不久，田儋在与章邯的征战中战死。后来，田荣与楚王项羽交战，亦兵败被杀。当时，项羽大肆屠杀齐国百姓，导致齐国百姓纷纷起兵反抗。在此情况下，田横召集残部，得数万兵马，反击项羽。面对田横的阻击，项羽大军无法进退，双方陷入相持状态。

此后，刘邦出关攻城拔寨，占领城池，项羽急忙从齐国撤兵，前去对付刘邦。田横趁项羽与刘邦争战之机，率军收复了齐国的失地。接着，田横立田荣之子田广为齐王，他自己则担任相国，辅佐田广处理政务。从此以后，田横独揽齐国军政大权，事无巨细，都由他来决断。

齐国灭亡，避难海岛

不久，韩信率领汉军大败齐军。齐国被攻破后，齐王田广在逃跑中去世，田横则败走博阳，丞相田光跑到城阳，大将军田既率领残兵败将跑往胶东。后来，楚军将领龙且率部前来救援齐国，在高密与齐军会合。但是，楚、齐联军不久便在韩信和曹参大军的攻击下溃败。结果龙且战死，齐王田广则被生擒。接着，齐相田光也在汉军的攻击下兵败被俘。

田横听说田广去世，于是自立为齐王。其后，他又打了几仗，但都败了，便逃往梁地。当时，梁地由彭越管辖。不久，曹参进兵胶东，杀死田既。

▼ 玉剑璏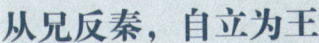
玉剑璏是古代剑身玉饰的一种，嵌于剑鞘的中央。此物构思巧妙，造型精美，堪称佳品。

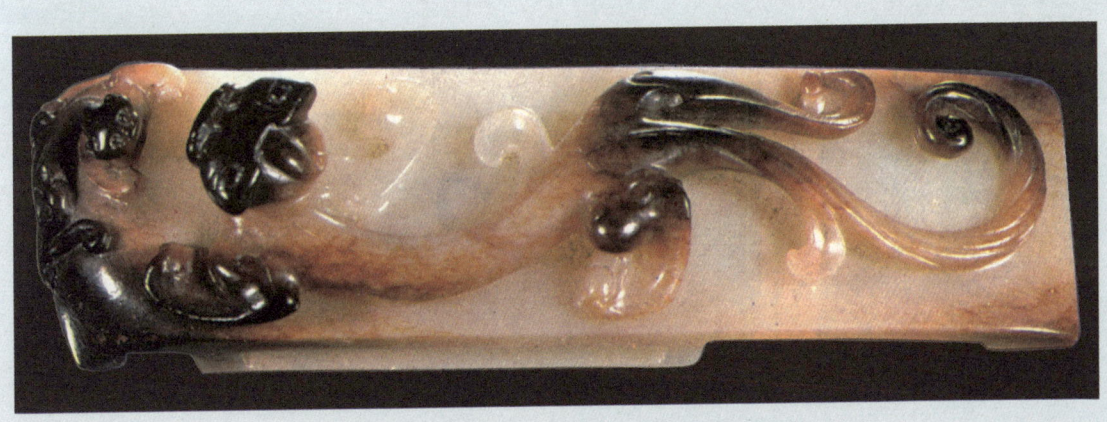

汉纪 上　　　　田横五百士

▲油画《田横五百士》
这幅画是现代美术大师徐悲鸿的油画代表作之一，取材于田横自刎取义的悲壮故事。

之后，韩信让灌婴率领大军攻打千乘，最后攻克城池，并诛杀了齐国大将田吸，就这样平定了齐国。这时，韩信上书刘邦，请求他赐封自己为齐国之王。刘邦虽然异常恼怒，但由于身处困境，还是极不情愿地答应了。

楚汉之战结束后，刘邦登基称帝，建立汉朝，并封彭越为梁王。当时，田横还在梁地，听说彭越投奔刘邦，害怕自己被杀，便率领门下五百宾客逃入东海之岛。

不堪受辱，引颈自刎

刘邦得知此讯后，非常焦虑。在他看来，田横兄弟在齐国经营多年，齐国人都敬重他们，如今田横逃匿海岛，是个隐患，不如让他仍回齐国安定民众。于是，刘邦下诏特赦田横无罪，并派人召他回来。但田横曾烹杀郦食其，郦食其的弟弟郦商现为汉将，田横便以恐遭报复为由，坚决不肯归朝，表示自己情愿做一个普通百姓，在海岛上安度余生。

刘邦对田横始终不放心，于是对郦商说："齐王田横即将回来，如果有人敢动他和他的人马随从，就诛杀九族！"随后，又派人将此诏的内容告知田横，并对田横说，他回到朝廷，不是封王就是封侯，若执意不答应，那朝廷就立即出兵，将其族人全部诛杀。

田横无奈，便带了两个随从前往洛阳面见刘邦。一行人走到离洛阳还有三十里的地方时，田横对随从说："当年，我与汉王一样，都是名震天下的一方诸侯。如今，汉王登基称帝，而我却四处逃亡，现在还要以俘虏的身份去朝拜汉王，我实在愧对先人，也无颜面对尊崇自己的部将，更无颜面对齐地的父老乡亲。我将郦商的兄长杀害，如今却要与郦商同朝为臣，即使郦商不敢报复我，我心中也感到十分惭愧。皇上要见我，也只

▶▶ 汉纪 上　　▶▶ 田横五百士

是希望亲眼看看我失败的模样罢了。这里距离洛阳并不远，如果砍下我的头送去洛阳，我的容貌还不会有大的变化。我死后，皇上便再也不用担心我会威胁到他了。"说完，他便自尽了。

随从将田横的头带到洛阳，面见刘邦。刘邦感慨道："真是遗憾，能说出这样的话，能做出这样的事，确实是壮士。田氏兄弟三人相继称王，真不愧是贤能之人。"刘邦说完，不禁泪流满面，并以王者之礼厚葬田横。

田横入葬后，他的两个门客在他的坟墓两边掘了两个洞，然后自刎倒在洞里。刘邦知道此事后，认为田横的门客都是贤才，便立即派使者到海岛上招抚留在岛上的五百人。然而，这些人知道田横死后，便全部自杀了。

田横临死之际，言语甚为悲壮，其气魄丝毫不亚于伍子胥。后人在唏嘘田横悲壮的言行之余，也深为门客们自刎殉主的大义所感动。孟子曾说，当生与死、义与利无法兼得时，君子应该舍生取义。但是，纵观历史，古今中外又有几人真正做到了舍生取义呢？

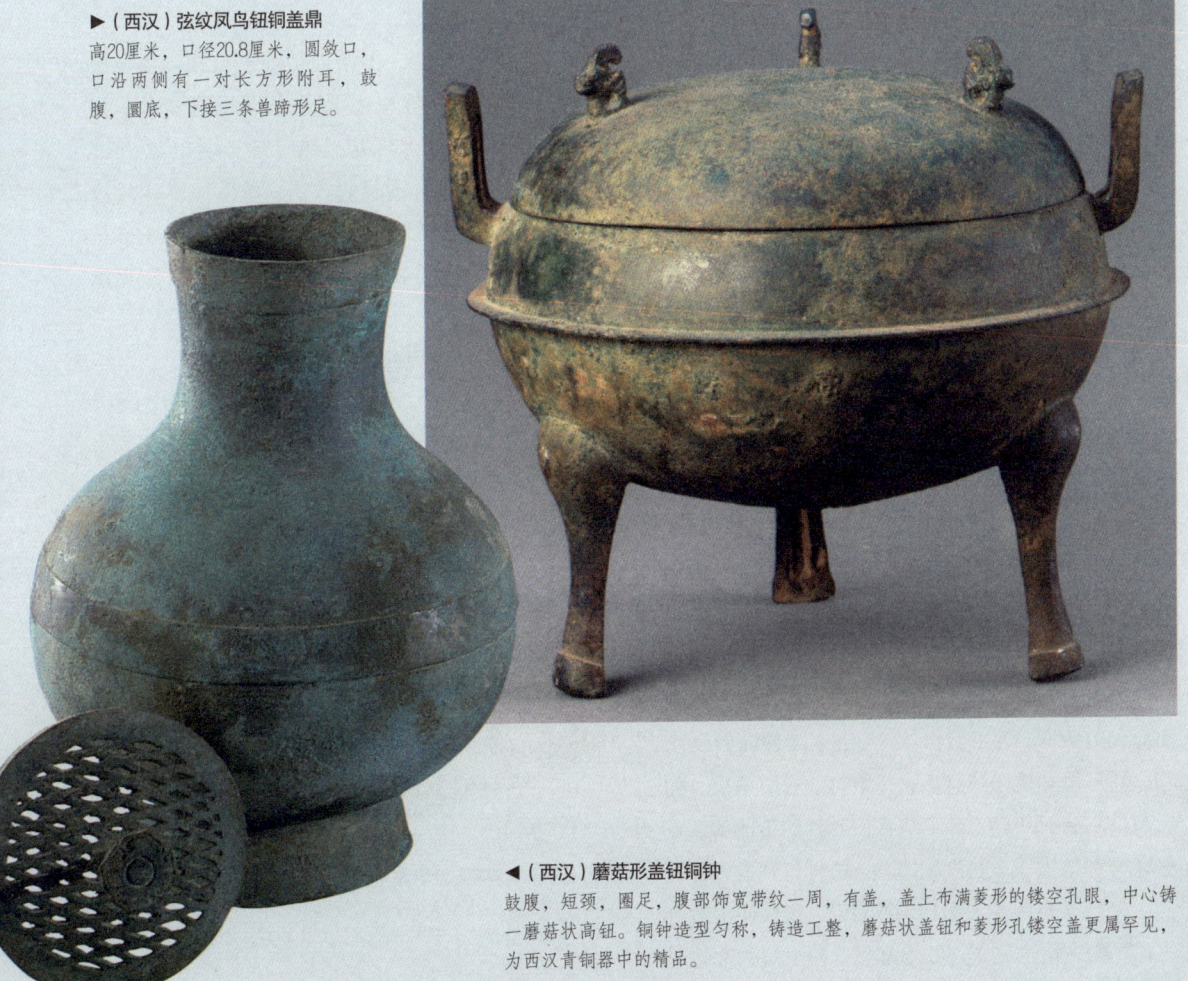

▶（西汉）弦纹凤鸟钮铜盖鼎
高20厘米，口径20.8厘米，圆敛口，口沿两侧有一对长方形附耳，鼓腹，圜底，下接三条兽蹄形足。

◀（西汉）蘑菇形盖钮铜钟
鼓腹，短颈，圈足，腹部饰宽带纹一周，有盖，盖上布满菱形的镂空孔眼，中心铸一蘑菇状高钮。铜钟造型匀称，铸造工整，蘑菇状盖钮和菱形孔镂空盖更属罕见，为西汉青铜器中的精品。

汉纪 上　　白登之围

汉初,匈奴的冒顿单于带领了四十万人马包围了韩王信的封地马邑。韩王信抵挡不住,向冒顿求和。为此,高祖开始对他有所猜忌。韩王信恐惧之下便投降匈奴。冒顿单于趁势出兵占领了韩王信的封地,并继续率军南进,攻打山西晋阳。刘邦得到报告后亲率大军征讨冒顿,但最后被匈奴军队围困于白登,幸亏陈平以奇计助汉军脱围。

韩王反叛,高祖出征

韩王信出身旧贵族,祖上为战国时期的韩襄王。

秦末,刘邦率军征战于河南,韩王信投奔汉军。刘邦占领关中后,拜他为太尉,让他率军攻打韩国故地,并许诺将来封其为韩王。不久,刘邦正式赐封韩王信为韩王。但是,韩王信在荥阳战败后,投降了楚军,很快又逃回汉营。刘邦没有计较,再次赐封他为韩王。此后,韩王信追随刘邦东征西战,功勋卓著。刘邦称帝后,韩王信被赐封地于颍川一带。

后来,刘邦认为颍川是军事重地,担心韩王信日后反叛,便以防御胡人为借口,将韩王信的封地改为太原。韩王信上书刘邦,请求把都城定在马邑,得到刘邦批准。

不久,匈奴的冒顿单于带领大军包围了马邑。面对匈奴大军,韩王信自认无法抵挡,便向冒顿求和。刘邦得知这个消息后,开始对他有所猜疑,随后写信责备韩王信。韩王信害怕刘邦治他的罪,竟然联合匈奴大军攻打汉朝边境,一直打到了太原。

刘邦亲自率领大军和匈奴对敌,很快便击败韩王信,韩王信逃到了匈奴人那里。韩王信的部将曼丘臣和王黄拥立赵国后裔赵利为赵王,继续率领韩王信的残兵反叛。

冒顿单于派左、右贤王领骑兵与王黄的军队联合,驻扎在广武以南至晋阳之间,企图阻止汉军北进。但是他们被汉军打败,随后又在离石被汉军击败。不久,汉军再次战胜匈奴军。

见汉军数次大败匈奴军,刘邦便准备北进一举消灭匈奴。为了做到知己知彼,刘邦派出特使侦察敌情。特使回来报告说,敌方都是老弱残兵,不堪一击。

刘邦仍不放心,再派娄敬前去打探。娄敬回来说:"我看到的全是老弱残兵,但陛下想想,如果真的所有人都残弱不堪,他们怎么可能出兵呢?可见,他们是要引诱我们攻击,然后埋下伏兵攻打我们。所以我认为对匈奴绝对不可采取军事行动。"刘邦不认同娄敬的分析,认为此时敌兵赢

▲(战国)匈奴鹰形金冠饰
一只金片做成的雄鹰立于半球状金冠上,鹰的头部和颈部镶嵌着两块绿松石。整个金冠制作精美,工艺精湛,是匈奴金制品中的代表作。

汉纪 上　　白登之围

▶（西汉）龙纹熏炉
此熏炉炉壁平直，高柄座，腹部两侧设兽首衔环耳。穹隆形盖，顶上有一环形纽，周围一圈透雕首尾相连的龙纹，腹部、底座装饰凸弦纹带。

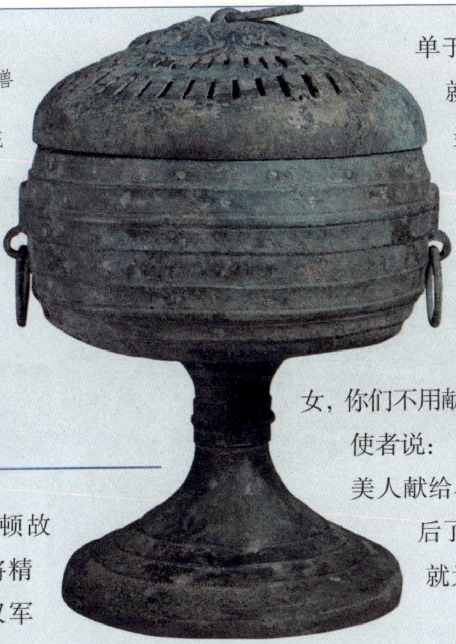

弱，正好乘势攻击。但娄敬坚决反对出兵。于是，刘邦便下令将娄敬关进监狱。

白登被围，奇计脱困

果然不出娄敬所料，冒顿故意把老弱残兵暴露在外，而将精兵隐蔽起来，就是为了引诱汉军出兵。刘邦以为敌军都是老弱残兵，便率领先锋军到达白登山。此时，汉军主力尚未赶到。正在这时，冒顿率领十万精锐骑兵突然杀出，汉军被重重包围。

刘邦被围困了七天七夜，汉军内外不能互相接济。当时正值冬季，北方寒风凛冽，汉军冻伤、饿死者甚多。这时，陈平探知冒顿的王后十分受宠，两人几乎形影不离，常常出外纵马驰骋，嬉戏游玩，甚是开心，于是决定利用冒顿的王后为刘邦解围。

随后，陈平派使者带着黄金、珠宝去密会王后。王后看到如此多的奇珍异宝，马上便沉醉其中。这时，使者又将一幅美女图拿出来，请王后转交给单于。王后见画上女子十分美貌，马上心生妒意，问使者："此是何意？"

"汉朝皇帝被困在这里，想和

单于化干戈为玉帛。我此番前来，就是想让王后在单于面前多多美言，但又担心单于拒绝，便准备将我大汉最漂亮的女人送与单于。但此女尚未赶到，所以将其画像先行送上。"

王后听后气愤不已，对使者说："单于根本不会喜欢此女，你们不用献。"

使者说："我们皇上说，如果将我朝第一美人献给单于，单于就可能不再宠爱王后了。但是，如果我们不这样做，就无法脱离困境。当然，如果王

▼（西汉）卧羊盖纽兽面纹铜奁
高18.5厘米，口径19.7厘米。圆口、直腹、平底，底部附三只兽蹄形足，足与底连接处饰高浮雕兽头。弧形盖，盖正中饰有立雕卧羊的捉手。腹中部和下部各有四道细凸棱弦纹。中部的弦纹上还饰有立雕的高浮雕兽头，其余部位素面。

汉纪 上　　▶▶ 白登之围

▲（汉）饕餮纹无胡铜戈
出土于贵州中水，通长25厘米，援长16.5厘米。造型古朴，制作精良。

后有办法让我们突出重围，那我们就决不会把美人献给单于。"王后害怕自己失宠于单于，便答应了汉使的请求，承诺自己会设法解除匈奴军队对汉军的包围。

于是，王后对冒顿单于说："据说汉朝大军正在赶往此地救驾，估计明天就会到。"单于有些不相信，问道："此事当真？"王后说："当然。现在我们将汉朝皇帝困于白登山，汉军必然前来救驾。到那时，即使大王打败汉军，占据其城，也会因不适应当地生活而撤军；而如果大王败于汉军，届时汉军内外夹攻，我们必死无疑。"说完恸哭不止。单于闻听王后哭泣，便犹豫起来，问道："那么本王该怎么做呢？"王后道："汉军困于此处已经七天，但是军中却无混乱，汉朝皇帝必然是有神灵保护。如果大王逆天而行，困死汉帝，就会受到上天惩罚，祸患无穷。现在，我们让他活命，就可以避免灾难临门。"

次日，冒顿便下令弃守一个城角，汉军这才得以脱围而出。刘邦回到军营后，马上特赦娄敬，并加封他为关内侯。

白登之围后，汉高祖认识到，国家初建，民生凋敝，根本无法对抗匈奴，于是决定采取休养生息的策略来增强国家实力。这些措施为大汉日后反击匈奴奠定了坚实的基础。

▲白登之战遗址
位于山西大同东北的马铺山上。马铺山古称白登山，是一座孤立的黄土丘陵，山巅原建有白登台。

汉纪 上　彭越之死

彭越，汉初名将。作为武将，他的军事才能逊于韩信；作为功臣，他的功绩不如曹参。但是，中国战争史上的游击战却是他最早发明并运用的。彭越骁勇善战，在反秦斗争和楚汉之争中功勋卓著。不过，西汉初年他却因部将陷害而被汉高祖杀害。

聚众为盗，助汉攻楚

彭越，字仲，山东人，出身寒门，曾以捕鱼为生。

秦朝末年，陈胜、吴广以及项梁等相继起兵反秦。这时，有人劝彭越仿效他们，彭越却说："两龙刚开始相斗，我们等等再说吧。"后来，彭越见时机成熟，才同意那些人的请求，做他们的首领，揭竿起义。起义当天，彭越与众人约好于次日早晨集合，迟者斩首。

岂料第二天早上竟有十多人迟到，最后一名中午才到。于是彭越气愤地说："你们再三恳求我做你们的首领，但却不听我的号令。现在有那么多人迟到，不能都杀了吧？但为了严肃军纪，必须杀掉最后到的那个。"随后，他令人执刑。但受命的人笑着说："何必这样？以后不敢就是了。"彭越明白他不忍心下手，便亲自拉出最后到的那个人杀了。随后，设坛用人头祭祀，严明法纪。众人大为震惊，没有一个人敢抬起头看他。

彭越率领这支队伍东征西战，收降游兵，队伍便迅速壮大起来。

公元前205年，彭越率领三万大军归汉，辅佐刘邦攻打楚国，不久便连续攻克魏地城池。这时，彭越想拥立魏国君王后裔魏豹为王。刘邦同意，并拜彭越为魏相，统帅魏军，攻打梁地。

公元前204年，彭越以游击战攻击楚军，切断楚军粮道。在刘邦大军和项羽大军对峙时，彭越趁机攻克多座城池，从而干扰了楚军后方。鉴于此，项羽派曹咎坚守成皋，他亲率大军攻击彭越。一番激战后，彭越战败，丢掉了所有城池。但是，彭越的军事行动打乱了项羽在前方的军事部署，结果对刘邦十分有利。

不久，刘邦终于将项羽困于垓下，项羽自刎身亡。随后，刘邦封彭越为梁王。

部将诬陷，蒙冤遭杀

公元前197年，陈豨起兵反叛朝廷。刘邦亲率大军前去讨伐，抵达邯郸后，便向彭越调兵。但是彭越却称病不去见刘邦，只派部下前去。刘邦勃然大怒，认为彭越居功自傲，还专门派部将前去责怪彭越。

◀（西汉）尖山形牒形佩
牒就是一般所称的扳指，最早是戴在拇指上用以勾弦张弓的，已有晚商玉牒出土。但时至汉代，牒形佩已无勾弦的功能，而是成为佩饰的设计创意之一。这枚牒形佩以卷勾云纹配合动物形象，牒尖及肩形成特殊的尖山形，造型精美，做工精细。

少年读全景 资治通鉴故事 2

▶▶ 汉纪 上　　▶▶ 彭越之死

彭越感到事态严重，便想去面见刘邦请罪。但其部将扈辄认为，彭越之前没去面见皇上，现在皇上发怒了才前去谢罪，是自投罗网，肯定将有去无回。因此，他极力劝说彭越造反。彭越不赞同谋反，但也不敢前去拜见刘邦，便只好继续装病。

这时，彭越不满自己的太仆，想杀掉他。太仆逃到了刘邦那里，告彭越谋反。于是刘邦立刻暗中派人去逮捕彭越，然而彭越却没有任何察觉，结果被捕。接着，他被囚于洛阳。

刘邦派人前去审问。彭越本来没有造反之意，但审他的大臣知道刘邦想借机杀害彭越，于是判定彭越已构成谋反罪，应受死刑。但刘邦念彭越功高，于是将他贬为平民，发往蜀地。彭越被押送到郑地时，遇到了从长安到洛阳的吕后。彭越向吕后申冤，希望自己可以回到故乡昌邑做普通百姓。吕后答应了他，并带着他一起回到了洛阳。

到了洛阳后，吕后阴险地对汉高祖说："彭越是一条好汉，如果把他流放到蜀地，无异于替自己留下了后患，不如索性把他杀了。现在他和我已同来洛阳。"刘邦默许了。

于是吕后亲自设计，让彭越的家臣告发他再次谋反。朝臣审理后，奏请汉高祖斩杀彭越全族。汉高祖同意了。最终，彭越全族被杀，而彭越的尸身更是被剁成肉酱分送给其他诸侯王。

汉高祖命人将彭越之头悬挂在洛阳城门上示众，并且下令："有敢来收殓者，就立即逮捕。"彭越好友栾布前去为彭越收尸，痛哭流涕。汉高祖闻讯后，立即召见栾布，骂道："你难道是彭越的同谋吗？我下令不准任何人为其收尸，你却违抗君命，哭他祭他，看来你也想同彭越一起造反。来人，把他给我拖下去烹杀！"

就在卫兵抬起栾布走向汤锅时，栾布说：

▲（汉）玉兽首衔璧
出土于广州象岗南越王墓，由整玉雕成，主纹为近方形的兽首，怒目横髭，兽鼻中有鋬孔。

"希望陛下能让我说几句话再死。"高祖说："说吧。"栾布说："当年陛下被困彭城，兵败荥阳，楚霸王无法顺利西进，主要原因就在于彭王占据着梁地，牵制着楚军。当时，若彭王改旗归楚，那么汉军就失败；若跟汉军联合，那么楚军就会失败。还有，垓下之战汉军如果没有彭王相助，项羽就不会失败。如今天下安定，彭王受封为王，准备将爵位世代相传。而陛下仅因到梁地征兵彭王没有前来拜见便怀疑他，而且根本就没有找到他谋反的证据就诛其全家。如此一来，那些功臣元老们便会人人自危，我实在为陛下担心。如今彭王已死，我活着也是无趣，请陛下将我烹杀了吧。"汉高祖认为栾布重情重义，便下令赦免了他，并任命他做了都尉。

身为汉初名将，彭越和韩信、英布一样，为推翻秦朝、建立汉朝做出了重要的贡献。但是"飞鸟尽，良弓藏"，在那个时代，一个新王朝建立后，为了巩固统治、加强皇权，统治者都会用血腥的办法来实现目标。因此可以推测，彭越即使不是死在此时，也会死在彼时。

汉纪 上 英布谋反

汉纪 上
英布谋反

英布，汉初三大名将之一，曾追随刘邦南征北战，为汉朝建立做出了突出贡献，被刘邦封为淮南王。汉初，英布听说吕后先后阴谋杀害了淮阴侯韩信和梁王彭越后，极为恐惧，担心某一天灾祸也会突然降临到自己身上，不如趁早打算。因此他开始秘密集结部众，准备反叛。刘邦知道后，亲自率军征讨。最后英布兵败被杀。

反秦归汉，屡立战功

英布，六县人，出身贫寒，勇武好战。小时候，有人给他算命，说他在受刑之后会被封王赐爵。到壮年后，他果然犯了秦法，遭受黥刑，因此也有人称他为黥布。

英布受黥刑后被送往骊山服刑。骊山刑徒众多，英布结交其中的豪杰之士，逐渐聚集了一支队伍。不久，他率领一伙人逃到其他地方做了强盗。

大泽乡起义爆发后，英布率部响应。公元前208年，章邯逐步将陈胜起义军击灭，几乎要扫平起义军。此时，英布率军北上，大败秦军。项梁率军抵达淮南后，英布便率部投奔项梁。归顺项梁后，英布冲锋陷阵，勇冠全军。此后，项梁拥立楚王后裔为王，自封武信君，封英布为当阳君。不久，项梁在与章邯的大战中身死。随后，楚怀王定都彭城，英布率部保卫彭城。

公元前206年，项羽尊楚怀王为义帝，定都长沙，但暗中却命令英布等人暗杀前往长沙途中的义帝。不久，英布追上义帝后将其杀害。

公元前205年，项羽出兵攻打齐国，向英布征兵，英布称有病在身，不便前往，只派将领率几千人前往。刘邦在彭城击败项羽，英布也托病不救，致使彭城落于刘邦之手，这就引起了项羽对英布的怨恨。项羽数次派人去召英布，英布害怕，不敢前往。项羽因担心四面受敌，处境不妙，因此没有发兵攻打他。

第二年，刘邦派随何游说英布，希望他能离楚归汉。随何来到英布驻地，直接对英布说："楚军现在虽然强大，但天下人认为它是不义之师，相反，汉王得到各路诸侯的拥护，所以说楚不如

▼（西汉）错金铜带钩

这件铜带钩被施以错金银工艺，十分华丽。错金银制作过程是先在青铜器表面预铸出设计好的纹饰，纹饰底面需制成高低不平的凹面，然后在凹陷处嵌入极薄的金银片或金银丝，用屑石打磨，使之与器物表面相平，接着再用木炭和清水打磨，使青铜器表面和金银纹饰各显出不同的色泽。

汉纪 上　　英布谋反

汉，我想你也清楚。假如你投奔汉王，那么汉王肯定给你赐地封王，到那时，整个淮南都将归你所有。"英布听后，便决定投奔汉王，但不敢马上宣布此事。

这时，楚使者急催英布发兵救楚。随何担心英布出尔反尔，便对楚使者说："英将军已归附汉王。"楚使者大惊，起身走了。随何趁势劝说英布："大王归汉已成事实，应当立即杀掉楚使者。"英布自知已骑虎难下，只好派人杀死楚使者，随后起兵攻楚。项羽知道此事后，马上派项声、龙且攻打英布。几个月后，英布大败，逃到汉地。

英布拜见刘邦时，刘邦无任何欢迎的表示，边洗脚边召见他。英布大怒，后悔归汉，便想要自杀。他回到刘邦为自己准备的房间时，发现屋里的用具和刘邦相同，大喜过望。随后，英布派人复入九江，得知楚已派项伯收编九江部队，并杀掉了自己的妻子儿女。使者又找到英布不少故旧宠臣，率领几千人投奔汉王。汉王又增拨军队给英布，跟他一路北上。

公元前203年，英布被封为淮南王。不久，刘邦在垓下围歼楚军，项羽自杀。第二年，刘邦登基称帝，建立大汉王朝。

起兵反叛，兵败而亡

公元前196年，吕后诛杀淮阴侯韩信，这引起了英布的惊慌。随后，刘邦又杀了梁王彭越，将他剁成肉酱，分赐给诸侯。英布知道后，更为恐慌，担心迟早祸及自身，于是暗中聚集部队，随时注意朝廷的动静。

就在这时，英布的爱妾因病外出求医。医生与中大夫贲赫家离得很近。贲赫看到英布的爱妾常去医生家，为了讨好英布，便常常送财宝给

▶（西汉）错金银云纹铜犀尊
通高34.4厘米，长58.1厘米，犀牛昂首伫立，肌肉发达，体态雄健。整件器物饰以错金银云纹，精美华丽，犀牛形象刻画得极其逼真，肌体富于力感。

汉纪 上　　英布谋反

▲（西汉）双层九子漆奁
口径35.2厘米，器身分为上下两层，下层放九个小奁盒，盖顶周边、内沿及器底上下均有花纹装饰，造型精美，制作精细。

她。爱妾便在英布面前称赞贲赫有长者之风。英布大怒，问她为什么会认识贲赫。爱妾讲述了前后经过。英布不信，怀疑她跟贲赫有私。贲赫得知后大恐，称病不出。英布愈发怀疑，便想出兵逮捕他。贲赫情急，便乘车赶往长安。

贲赫到了长安后，上书称英布有谋反迹象，建议刘邦在英布尚未发兵前将其杀掉。刘邦与丞相萧何商量对策，萧何认为英布不会谋反，恐怕是仇家诬陷，建议先拘捕贲赫，再暗中派人察访。英布见贲赫已逃，怀疑他说出了自己暗中聚兵之事，再加上刘邦派人前来查访，英布更觉得刘邦认为自己要谋反，于是干脆杀了贲赫全家，起兵反叛。

消息传到长安，刘邦赦免贲赫，封他为将军。随后，刘邦召集大臣讨论对策，诸将都主张立即出兵征讨英布。令尹为刘邦分析道："英布现在有上、中、下三策可施。东取吴，西取楚，并齐取鲁，传檄燕赵，这样他将占据山东，此为上策；东取吴，西取楚，并韩取魏，据敖仓之粟，塞成皋之口，这样胜败难以预测，此为中策；东取吴，西取下蔡，归重于越，身归长沙，如此必败，此为下策。虽有三策，但英布所作所为只是为了自身，而不会考虑为百姓谋福，更不会为后代子孙着想，所以他定会选择下策。"刘邦认为他分析得非常准确，便决定亲率大军讨伐英布。

英布造反之初，曾对将士们说："皇上现在年老多病，讨厌战争，此番肯定不会亲征。至于其他将领，我只担心韩信和彭越，如今他们已死，我没有什么可怕的了。"但他万万没想到刘邦会亲征，因此有些胆怯。不出令尹所料，英布果然采用下策，因此不久就被刘邦击败身亡。

作为开国功臣，英布为汉朝的建立立下了汗马功劳。至于起兵造反，其实不是他本意，只因他怕被加害，不得已才谋反。

少年读全景
资治通鉴故事 2

▶▶ 汉纪 上　　▶▶ 吕后专权

汉纪 上
吕后专权

在平定英布的叛乱中，刘邦被流矢射中，回到长安后不久就离开了人世。吕后为了肃清所有威胁太子继承帝位的政敌，在宫中大肆残杀异己。当时，她独揽朝廷军政大权，不仅强夺元老重臣的权力，迫使他们解甲归田，还将吕氏亲族一概封王赐侯。她的行为使刘氏皇族和元老重臣们十分不满。

高祖亡故，吕后掌权

刘邦在平定英布叛乱时被流矢射中，回到长安后病情已经很严重。公元前195年，刘邦去世，终年六十二岁，庙号高祖。刘邦去世后，大权落到了皇后吕雉的手里。

吕雉，字娥姁，单父人。刘邦称帝后，封吕雉为皇后，后世称其为吕后。吕雉性格刚强，智谋出众，从刘邦起兵开始便跟在他身边，为汉朝的建立做出了重要贡献。汉初，吕后设计擒杀建国功臣，迫害异姓王，稳定了大汉社稷。

刘邦刚刚去世时，吕后担心那些建国元勋居功自傲，趁机作乱，因此想密不发丧，然后秘密处决所有掌握兵权的将领。郦商听闻此信，赶忙劝吕后道："如果密不发丧，处决将领，那你就危险了。现在陈平和灌婴率军十万驻守荥阳，樊哙和周勃率军二十万驻守定州。如果他们得知皇上驾崩，皇后要处决武将，必然会合兵一处杀奔长安。到那时，京城的文武大臣定会起兵响应，如此一来，汉家社稷就会灭亡。"吕后听闻，十分惊恐，便立即发丧。随后，太子刘盈登基为帝，是为汉惠帝。

心狠手辣，报复异己

惠帝登基后，吕后决定铲除高祖宠爱的戚夫人及其子刘如意。公元前194年，吕后令赵王刘如意回长安。惠帝知道吕后肯定要加害于他，便亲自去迎接，让赵王同自己一同进宫，吃住都在一起。一次，惠帝早起出外打猎，回来后赵王已被吕后派人毒杀了。

随后，吕后又让人将戚夫人的四肢砍去，挖去双眼，熏聋双耳，给她服食哑药，关在猪圈里，还将其命名为"人彘"（彘是猪的意思），让宫里人观看。惠帝见母亲如此残暴，自己又无力阻止，因此心灰意冷，从此不再过问朝政，整日沉醉于酒色之中。他在位七年后，便郁郁而终。

▲（西汉）"皇后之玺"玉印
1968年出土于陕西咸阳，采用珍贵的和田玉制成，印面刻篆体"皇后之玺"四个字。此皇后之玺是目前中国古代最早的皇后印玺。

专权乱政，病重而终

惠帝驾崩后，吕后假装哭泣，但是却没有眼泪。张良之子张辟强看到后，便对陈平说："太后只有一个儿子，现在陛下已经驾崩，但是太后却不掉眼泪，丞相知道这是为何吗？"陈平说不知道，张辟强说："惠帝之子都尚未成年，因此太后担心你们这些老臣不服管辖。现在，丞相应该立即上书太后，请求任命吕氏族人担任大将，让他们统领军队，入朝掌权。唯有如此，太后才不会猜忌你们，你们也可避祸。"陈平听后，表

▶▶ 汉纪 上　　　▶▶ 吕后专权

示赞同。

　　惠帝与皇后本来没有孩子，当初吕后让皇后（吕后的外孙女）假装怀孕，然后将后宫嫔妃之子作为皇后之子，再将那个嫔妃杀死。惠帝死后，这个孩子便继位为帝，史称前少帝。吕后借前少帝年幼无力执政，便亲自临朝听政，代行皇帝权力。

　　公元前187年，吕后想违背刘邦与群臣"非刘氏而王，天下共击之"的盟约，立吕姓族人为王。丞相王陵等大臣认为这样做违背了刘邦当年定下的非刘氏不得封王的誓言，因此强烈反对。吕后勃然大怒，下令剥夺王陵的丞相职位，接着又询问陈平和周勃的意见。陈平和周勃上奏道："高祖一统天下，封刘氏一族为王；现在太后临朝执政，封吕氏一族为王。这没有任何问题。"于是，吕后大封亲族，逐渐控制了汉朝政权。

　　吕后在将吕氏族人封王拜侯的同时，全力清除刘氏一族的势力。她将吕氏女子嫁与刘氏王侯，以此来监督和控制刘氏。除此之外，吕后大开杀戒，将刘友、刘恢、刘建残忍杀害。齐王刘肥因为将部分封地献与吕后之女鲁元公主，所以吕后未向他动手。

　　后来，前少帝听说自己并不是皇后亲生，而亲生母亲已被吕后杀掉，心中很是气愤，便对左右说："真是可恶，等我长大后，不会善罢甘休。"吕后得知后，马上命人将前少帝囚禁起来，接着下诏废掉少帝，不久又将其杀害，随后立刘义为新君，既不改元，也无帝号，史称后少帝。很明显，刘义只是吕后手中的一个傀儡。

　　几年后，吕后病重，弥留之际，召吕产说："当年，高祖与群臣约定'非刘氏而王，天下共击之'，可是你们还是被封了王。大臣们虽没有反对，但心里是不满的。我死后，你们要当心群臣因皇帝年少而作乱。所以你们一定要手握兵权，占领皇宫，切不可为我送葬。"

　　吕后独揽朝政大权的十多年时间里，排除异己，大封吕氏，加害刘氏皇族，手段极为毒辣。但与此同时，她进一步推行刘邦休养生息、无为而治的政策，促进了社会经济的发展，也为日后的"文景之治"奠定了坚实的基础。

◀（西汉）"信期绣"褐罗绮袍
出土于长沙马王堆一号汉墓，衣身长150厘米，两袖通长250厘米。信期绣是西汉时的一种绣品，绣地为罗，针法为锁绣法，图案纹样单元较小，线条细密，做工精巧，是刺绣中的珍品。

汉纪 上 —— 仁弱之君汉惠帝

刘邦死后，太子刘盈继位，是为汉惠帝。汉惠帝在位时，大行"仁政"，为百姓减税，任用曹参为相。他当政期间，国家政治清明，社会安定。不过，由于汉惠帝性格柔弱，处事犹豫，在他统治后期，朝政大权被吕后掌控。面对残酷专权的母亲，汉惠帝最终抑郁而亡。但是，汉惠帝在早期继承了汉高祖时的治国体制，因此对汉王朝的巩固和发展做出了一定的贡献。

仁弱之君，继承帝位

汉惠帝刘盈，刘邦嫡长子，母亲吕雉。其处事优柔寡断，但心地善良。不过，高祖不太喜欢他。高祖非常喜欢戚夫人之子刘如意，认为他聪明伶俐，英武果敢，作风很像自己，便想废刘盈，让刘如意取而代之。但吕后和群臣坚决反对，但刘邦依然坚持己见。

淮南王英布起兵反叛朝廷后，刘邦准备让刘盈率军亲征。吕后知道后，反复向刘邦哭诉，刘邦最终收回了诏令，决定自己率军亲征。

刘邦平叛归朝后，由于中箭负伤，卧病在床。这时，他又准备废掉刘盈。张良多次表示反对，但刘邦未加理会。随后，群臣上书反对废除太子，刘邦依然没有理会。面对这种情况，吕后找来张良，希望他能出面劝劝皇帝。张良为吕后出了一个计策，让太子刘盈将刘邦非常敬仰的贤人——商山"四皓"请来，只要他们来，就可以说服皇帝。吕后依言而行，最后在刘盈的请求下，"四皓"答应见皇帝。刘邦这才打消了改立太子的念头。但"四皓"面见刘邦后，又返回了之前的隐居之地。

不久，刘邦驾崩，刘盈随后登基，时年十六岁。

有一年，齐王刘肥入朝拜见汉惠帝。汉惠帝十分开心，便在太后殿中设宴相请。刘盈认为刘肥为兄，自己为弟，便将上位让给刘肥。随后，吕后让宦官准备了一壶毒酒，放到刘肥桌上。接着，刘肥为刘盈斟酒，吕后担心刘盈中毒，便故意碰翻酒杯。刘盈立即醒悟过来，马上暗示刘肥。刘肥便故意装醉离开太后殿。回去不久，汉惠帝派人告诉他，说吕后想谋害他，让他马上离开皇宫。

汉惠帝年满二十岁后，吕后作主将惠帝姐姐鲁元公主的女儿张氏立为皇后。张氏嫁给刘盈时仅十来岁，巨大的年龄差异和特殊的身份关系让汉惠帝难受至极。

母亲的残酷无情，皇后的外甥女身份，都让汉惠帝痛苦不已。为了逃避这些痛苦，汉惠帝便终日沉湎于酒色中，最后抑郁而亡。

▶（西汉）乳钉纹壶
曾为西汉长安长乐宫中用器，出土于河北满城中山靖王刘胜墓。此壶通高45厘米，通体用鎏金、鎏银工艺装饰，纹饰金银相映，富丽堂皇。

汉纪 上　　仁弱之君汉惠帝

◀（西汉）龙谷纹璧
出土于广州象岗南越王墓，碧玉，有大面积白斑，玉质致密透亮，纹饰分两区，各有一圈凸棱作隔界，凸棱上刻有流云纹，内外缘也是圆弧形突棱，内区涡纹，外区饰双体龙纹三组。

推行惠政，英年早逝

汉惠帝执政期间，沿用了汉高祖时期的政策，主要体现在以下一些方面。

首先，注重休养生息。刘邦在位时，为了对内平定叛乱，对外迎击匈奴，所以增加了一些赋税。到汉惠帝时，内乱已平，匈奴也因为和亲政策不再骚扰边境，所以汉惠帝便取消了增加的赋税，重新恢复了十五税一的税收政策。随后，汉惠帝又大力鼓励农民耕作，对于有成绩的农民还免除其徭役。为了促使人口增加，惠帝还下令民女早些出嫁。到了十五岁还不出嫁的女子，朝廷就要征收其家五倍算赋。算赋是一种针对成人的人头税，每人交一百二十钱。对于原来限制商人的政策，汉惠帝也大大放松，以促进商业的发展，增加国家收入。汉惠帝的这些举措，推动了西汉初年社会经济的发展。

其次，汉惠帝大胆改革文化政策。他在公元前191年将挟书律废除。所谓挟书律，是秦始皇焚书时的一项法令，该法令规定，只有博士官可以藏书，民间禁止私自藏书。汉高祖统治期间，朝政制度大都沿用秦朝的，挟书律也不例外。惠帝很有魄力地废除了这一法令。这样一来，那些长期受到压抑的儒家学者和其他各家的学者都重新活跃起来，这也为后来儒家学说被汉武帝确定为国家的统治思想奠定了基础。

此外，汉惠帝还在短暂的执政期里全面整修了长安城。汉高祖统治期间，朝廷只修建了长乐宫和未央宫。公元前194年，由于朝廷和外界的交往逐渐增多，为了完善长安城的国都形象，汉惠帝下诏全面整修长安城。直到公元前190年，这项庞大的工程才竣工。整修后的长安城宏伟壮观。长安城当时共有十二座城门，每面城墙有三座，每个城门又分三个门道，右边的门道为入城道，左边的门道是出城道，中间的则为皇帝专用。在当时的世界上，除了罗马城之外，没有哪个国家的哪个城市可以与其相提并论。

汉惠帝英年早逝，朝廷失去了一位善良仁慈的皇帝。汉惠帝执政时间虽然短暂，但是他在位时所推行的政策，推动了汉朝经济和文化的发展，为汉朝此后的继续发展奠定了基础。

汉纪 上　　曹参无为治国

汉纪 上
曹参无为治国

曹参，西汉开国功臣，早年追随刘邦起兵抗秦，战功卓著。萧何临终时，举荐他担任相国。他担任相国期间，采取无为而治的策略，继续执行萧何执政时的政策，没有丝毫改变，"萧规曹随"这个成语即由此而来。在曹参的治理下，汉朝社会安定，经济发展，百姓安康，为后来的"文景之治"创造了一个良好的社会环境。

开国功臣，齐国求贤

曹参，沛县人，很早便跟随刘邦起兵反秦，身经百战，功劳卓著。公元前201年，曹参被赐封为平阳侯，食邑一万户，仅居于萧何之下，刘邦还让他担任长子齐王刘肥的相国。

曹参到齐国后，立即召来当地名人，向他们请教治理齐国的策略。但是，每个人都有自己的看法，众说纷纭，争论不休。曹参看到这种情况，也难下定论。

这时，有人告诉他，胶西有一个盖公，有治国之才。曹参思贤若渴，立即派人请来盖公，向他请教治世安民之道。盖公看到曹参真心求教，便向他详细分析了齐国的情况，然后建议曹参采取无为而治的策略。曹参有些不明白，于是盖公解释道："所谓无为而治，就是指官府要无为，既不生事也不扰民，这样，百姓就可安定地生活了。百姓安定后，社会经济自然就会发展。社会经济发展了，国家当然也就治理好了。"曹参听后，连连称赞，并将盖公留在齐国，拜其为师，

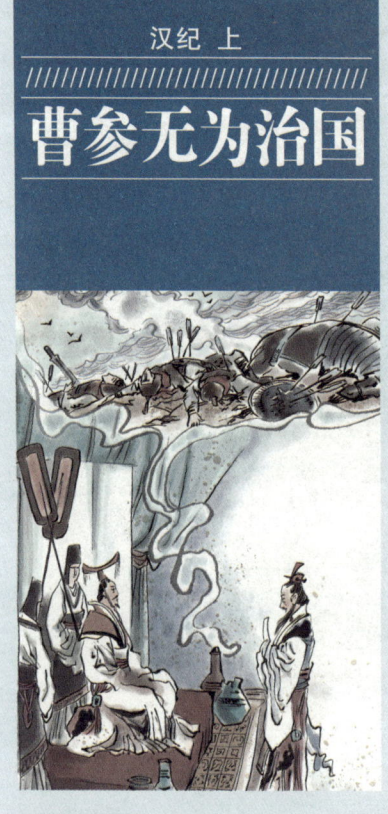

▲曹参见惠帝
曹参任相国三年，主张清静无为，遵照萧何制定好的法规治理国家。

以便随时向他请教治国之策。

此后，曹参便按照无为而治的思想制定各项政策，不准官员干扰百姓，严惩贪官污吏，任用老成持重、爱民如子的官员。就这样，齐国的社会经济很快便得以恢复和发展，社会也日渐安定，百姓安居乐业。

公元前193年，萧何在弥留之际推荐曹参为相。曹参称相后，继续执行萧何在职期间制定的所有政策法令，同时还留任了萧何当初任命的所有官吏。

待人宽厚，不计小过

作为一国之相，曹参不仅不计较官吏的小过失，有时还设法为他们开脱。因此，当时群臣都团结合作，相安无事，全力为朝廷办事。

相府后面有个小花园，小花园旁边就是官吏们的住所。相府里的官员每天都在小花园里饮酒唱歌，喧闹不已。朝中大臣十分厌恶此事，于是来找曹参，希望他可以约束一下部下。谁知曹参来到小花园，不仅未对他们加以约束，还和他们一同喝酒。曹参边喝酒边唱歌，以此来呼应那些喝醉的部下。不久，相府里的所有官吏都喝得不省人事。

第二天，官吏们酒醒后，知道相国昨晚看到了自己的醉酒行为，因此立即赶到相府请罪。曹参说自己昨晚也喝得酩酊大醉，不知发生了何事。官吏们心里明白，这是曹参故意为他们开脱。此后，那些官吏再未在小花园里喝酒唱歌。

汉纪 上　　曹参无为治国

萧规曹随，安国利民

身为相国，本应日理万机，但曹参上任后却终日饮酒作乐，凡事都尽可能推掉不管。群臣以及亲朋见他上任多日，没有实行任何新措施，很是着急，于是决定到相府劝他励精图治。不料，他们刚到相府，曹参便以酒相请。当他们准备说事时，曹参就举杯一饮而尽。最后众人全都喝得大醉，跟跟跄跄地离开相府。这种状况持续了很久。

惠帝初登基，看到曹参终日请人喝酒聊天，根本不理朝政大事，误以为曹相国欺他年幼，不愿全力辅佐他。一天，惠帝对担任中大夫的曹参之子曹窋说："回家后如果有机会，你问问你父亲：'高祖刚驾崩，如今的皇上没有治国经验，正需要您费心辅佐。但是您身为相国，却终日喝酒闲聊，既不向皇上报告政务，又不处理朝廷事务。长此以往，您如何能治理好国家、安抚好百姓呢？'你看他如何回答，下次上朝时你告诉我事情的经过。但是，你不要说这是我让你问的。"

曹窋回家后，就照惠帝的话做了。曹参骂道："你这个年幼无知的家伙，知道什么国家大事。"曹参越说越气，竟让人拿板子将曹窋一顿痛打。曹窋无辜被痛打了一顿，感到非常委屈，上朝后便将此事告诉了惠帝。惠帝听后十分气愤。

次日，惠帝召来曹参，问道："你为何痛打曹窋？他只是转述了我的话，是我让他去问你的。"曹参马上摘下帽子，跪在地下，磕头谢罪。惠帝叫他起来，问道："相国究竟是怎么想的？请直言！"曹参想了想，便大胆回答道："请问陛下，您和先帝比起来，谁更贤明英武呢？"惠帝马上说："当然是先帝了，我怎么敢和先帝相比？"曹参又问："陛下再看我的才德和萧何相国相比，谁强呢？"惠帝笑道："你好像不如萧相国。"曹参说："陛下说得非常正确。陛下不如先帝，我不如萧相国。先帝和萧相国已经制定好政策法令，我们只要继续推行，国家就不会出现问题。"惠帝听后点头赞同。

曹参担任相国三年有余。在此期间，他主张清静无为，不扰民，遵照先前的政策法令来治理国家，从而使政治稳定，经济发展，百姓生活富足。

曹参病逝后，百姓们作歌赞颂他："萧何定法律，明白又整齐；曹参接任后，遵守不偏离。施政贵清静，百姓心欢喜。"由此可见，曹参的做法得到了百姓的普遍认可。

曹参采用合理的治国方法，使西汉的社会经济得到恢复，使百姓生活安定，实在值得后人景仰。

◀ (西汉)圆雕玉舞人
高3.5厘米，宽3.5厘米，厚1厘米，玉质黄白色，局部有缺损。整器雕工精细，姿态生动，是汉代出土的玉舞人中罕见的圆雕作品。

少年读全景
资治通鉴故事 2

▶▶ 汉纪 上　　▶▶ 周勃平灭吕氏

汉纪 上
周勃平灭吕氏

吕后执政末年，担心自己去世后刘氏欺压吕氏，因此大封吕氏子孙为侯。吕氏族人在吕后的支持下，逐步掌控了朝政大权。此后，他们胡作非为，打击异己，朝廷陷入一片混乱之中。面对此种乱局，大将军周勃等人趁势出击，智夺军权，最后平灭吕氏，捍卫了刘氏王朝，成了安定汉室的功臣。

韩王信反叛后，周勃率军在晋阳城大败韩王信的部将和匈奴骑兵，最后成功平定了叛乱。

刘邦被匈奴大军围困于平城时，周勃率军不断攻打匈奴骑兵。刘邦脱困后提拔周勃为太尉，让他掌管朝廷兵权。

不久，周勃又率军先后打败了陈豨和卢绾的叛军。至此大汉王朝才安定下来。

功劳卓著，赐封绛侯

周勃，沛郡丰县人，自幼家境贫寒，年轻时曾以编织蚕箔为生。他为人勇武刚毅，刘邦起兵反秦后，周勃便投奔刘邦，担任侍卫官。在以后的南征北战中，他跟随刘邦出战，在战场上勇猛异常。

秦朝灭亡后，刘邦被封为汉王，周勃则被封为威武侯。接着他和刘邦来到汉中，在刘邦攻克三秦的战斗中立下了赫赫战功。汉军出关与楚军交战时，他率军守卫崤关，保卫汉军后方的安全。此后，他又率军守卫敖仓，以保证汉军粮饷的储备与供应；他还曾参与追击项羽的战斗。项羽自刎后，他率军一举拿下楚地泗水等郡，占领了二十二个县。

西汉初，各地诸侯王频频起兵反叛，周勃是当时平乱的主帅。

燕王臧荼起兵反叛后，高祖率军亲征，周勃一同前往。同年秋，臧荼兵败被俘。在此战中，周勃战功卓著。为了表彰其功，刘邦特封周勃为侯，承诺其爵位世代相传，号称绛侯。

当机立断，诛灭吕氏

公元前180年，吕后病逝。吕后之侄吕禄官拜上将军，吕产官拜相国，他们掌控了朝廷大权，准备趁机篡夺刘氏江山。当时，其他朝廷重臣几乎都没有实权。周勃担任太尉，却无权进入军营；陈平担任相国，却无权处理政事。眼见刘氏政权危亡在即，周勃和陈平决定联合起来平灭吕氏。

在长安担任宫廷护卫队长的刘章是刘氏宗室，其妻是吕禄之女。他得知了吕氏密谋篡权之事，便立即派人通知其兄齐王刘襄，要他发兵来京保护刘氏江山，自己则在长安做内

▶（西汉）鎏金凤鸟形饰
凤鸟是古人为祈盼消除自然灾害、永保平安而构想出来的吉祥神鸟。此凤鸟挺胸扬头，张开羽翅。下为方形座，四面装饰有镂空的纹饰。整体鎏金。

汉纪 上　　周勃平灭吕氏

▲（汉）关内侯印
边长22厘米，方形，背弓起，印面上有阴文篆书"关内侯印"四字。

▲（汉）踞坐玉人

应。刘襄随后举兵奔赴长安，同时送信给各诸侯王，号召刘氏诸侯王共诛吕氏。吕产闻讯后，马上派灌婴率军前去迎击。灌婴率军到达荥阳后，按兵不动，静观其变。

陈平和周勃听闻齐王发兵，认为诛灭吕氏的时机已到。郦商之子郦寄与吕禄关系亲密，于是周勃让郦寄前去劝说吕禄。郦寄对吕禄说："太后已亡，少帝年幼，而你却在都城统领军队，群臣必会对你有所怀疑。我建议你将军权交于太尉周勃，这样才能全身而退。"吕禄深知吕氏擅权已激起群臣愤慨，他认为吕氏并无必胜把握，便同意了郦寄的提议。

当时，曹参之子曹窋担任御史大夫，经常与相国吕产一同议事。一天，他偷听到了贾寿和吕产的密谋，原来吕产准备率军占领皇宫，挟少帝以令诸侯。曹窋立即将此消息告诉了陈平和周勃。

周勃马上动身赶往军营，诈称奉少帝旨意统率大军。但军中兵士未看到帅印，大都有所怀疑。于是周勃让郦寄前往吕禄那里将帅印骗过来。郦寄找到吕禄后假传少帝口谕："少帝有令，军队交由周勃统领。如今军队已经被太尉掌控，我劝你交出帅印，返回封地。不然的话，你难逃一死。"吕禄非常信任郦寄，就将帅印交给了郦寄。

周勃拿到帅印后，马上传令全军将士："吕氏密谋篡权，支持吕氏者，请袒露右臂；支持刘氏者，请袒露左臂！"众将士全部袒露左臂，以示效忠刘氏。就这样，周勃控制了军队。接着，周勃让曹窋告诉皇宫守卫，务必将吕产挡在皇宫外。

这时，吕产尚不知周勃已经控制军队，竟然率军奔往皇宫，结果遭到守卫阻挡。此事随后传到周勃耳中，他马上命刘章赴未央宫。正午时分，吕产下令军队开饭，刘章趁机率军攻击，吕产大军溃散。最后，无路可逃的吕产被斩杀。随后，刘章又将长乐宫卫尉吕更始斩杀，完全控制了皇宫。

周勃闻讯后，马上前去拜见刘章，高兴地说："我所担心的就是吕产占据皇宫。现在你已将吕产铲除，看来大事可成。"随后传令逮捕吕氏族人，并全部斩杀。至此，吕氏之乱宣告结束。

周勃一举平定吕氏之乱，从而安定了大汉王朝，避免了宫廷混乱，使刘氏江山得以延续。

汉纪 上　　夏侯婴终生受宠

夏侯婴终生受宠

夏侯婴，汉朝元老重臣，在追随刘邦建立汉朝的过程中战功显赫，最后被封为汝阴侯。汉初，他跟随刘邦先后率军诛杀了陈豨、英布等异姓王。刘邦驾崩后，夏侯婴继续在朝中担任要职，堪称四朝元老，为建立汉朝和稳定政权做出了杰出贡献。

追随沛公，力救太子

夏侯婴是江苏沛县人，起初在沛县县府掌管马车，与刘邦关系甚好。一次，刘邦误伤了夏侯婴，被别人告发。当时刘邦身为亭长，伤人要从严惩罚。夏侯婴坚持说自己没有受伤，以避免刘邦受惩罚。刘邦起兵反秦后，夏侯婴投奔了刘邦。

刘邦率部攻克沛县后，被推举为沛公。随后，刘邦赐封夏侯婴为七大夫，担任太仆。此后，在攻打胡陵时，夏侯婴和萧何一起招降了泗水郡郡监平，平交出胡陵并投降沛公。于是，沛公又赐夏侯婴为五大夫。接着，夏侯婴跟随刘邦在砀县以东袭击秦军，攻克济阳，占据户牖。在雍丘地区，夏侯婴又配合刘邦战胜秦将李由。因为他擅长在战斗中驾兵车快速进攻，刘邦特赐其执帛之位。

后来，夏侯婴指挥兵车在开封击败秦将赵贲，在曲遇攻打秦将杨熊。战斗中，夏侯婴无惧无畏，俘虏敌兵六十多人，收降敌兵八百多人，并缴获一箱金印。随后，他又率军配合刘邦在洛阳攻打秦军。在战斗中，夏侯婴驾车纵横驰骋，

▲（西汉）铜镶玉铺首
该铺首纹饰为饕餮纹，铺首兽面与铜鎏金镶配，尽显端庄华美。

勇猛冲锋。为了表彰其功，刘邦赐封其为滕公。

不久，韩信因犯军法正要被处斩。韩信举目四顾，看到滕公夏侯婴，便说："大王不是要一统天下吗？那为何要斩杀壮士！"夏侯婴听后，认为此人绝非凡人，便释放了他，然后与其交谈，结果发现韩信谋略过人、才华出众，便和萧何等人一起向刘邦强力推荐韩信。

此后，夏侯婴指挥兵车跟随刘邦攻克南阳，大战于蓝田、芷阳。他驾兵车冲锋陷阵，勇猛无敌，直打到灞上，战功赫赫。

项羽入关后，秦朝灭亡。项羽赐封刘邦为汉王。刘邦又赐夏侯婴为列侯，号为昭平侯，同时让他继续担任太仆，跟随自己出兵。

刘邦占领三秦后，夏侯婴跟随刘邦攻击项羽大军。此后，刘邦出兵彭城，汉军大败，刘邦乘车马急速逃跑。在半路上，夏侯婴看见刘邦的子女，即后来的汉惠帝和鲁元公主，急忙将他们拉上车。当时，马已非常疲惫，敌人在后方紧追不放，刘邦十分着急，数次将两个子女踢下车。但是每次踢下去，夏侯婴都下车把他们拉上来，等汉惠帝和公主抓紧自己后才驾车狂奔。刘邦见此情景，非常气愤，甚至想杀了夏侯婴。经过昼夜奔跑，他们最后终于摆脱了追兵，汉惠帝和公主也都毫发无损。

刘邦抵达荥阳后，收拾残兵重振军威。为了感谢夏侯婴救驾之功，刘邦将祈阳赐给他，作为他的食邑。此后，夏侯婴又指挥兵车跟随刘邦追

▶▶ 汉纪 上　　　▶▶ 夏侯婴终生受宠

击项羽，一直追到陈县。到了鲁地，刘邦又赐给夏侯婴兹氏一县作为封地。

屡建战功，终生受宠

汉朝建立的第一年，燕王臧荼反叛朝廷。刘邦亲自率军讨伐，夏侯婴继续驾车跟随他出征。第二年，夏侯婴又和刘邦到达陈县，大败楚王韩信的军队。

此后，在白登解围征讨匈奴之时，夏侯婴依旧跟随出征。在平城南边，夏侯婴率军冲杀匈奴骑兵，多次攻破敌阵，斩杀敌兵。

平城脱困时，刘邦命令夏侯婴驱车急速奔跑，夏侯婴却拉住车马，缓慢而行，同时命令弓箭手做好准备，防备匈奴突袭，最后众人平安地回到营地。事后，刘邦牢记此功，又将细阳赐给夏侯婴作为食邑。

陈豨和英布造反后，夏侯婴继续以太仆之职出兵平叛。在战斗中，他奋勇杀敌，多次击退敌兵。最后，刘邦将汝阴赐给夏侯婴。

夏侯婴从追随刘邦起，长期担任太仆。吕后和汉惠帝十分感激夏侯婴，如果当年不是他援救，汉惠帝和鲁元公主就不会活下来。为了酬谢夏侯婴，吕后将皇宫边的宅第赐予他，称其为"近我"，意思是说，希望夏侯婴"靠近我"，以此来显示对夏侯婴的宠幸。

汉惠帝死后，夏侯婴依然担任太仆。等到吕后去世后，夏侯婴以太仆的身份入宫清理宫室，废掉西汉后少帝，用天子的法驾迎接汉文帝。

公元前172年，夏侯婴去世，谥号文侯。

◀（西汉）步兵俑
尽管骑兵在西汉时期已经有所发展，但西汉军队依然以步兵为主，这使得汉军在机动性上与匈奴军队还有较大的差距。

汉纪 上

文帝治国有方

平灭吕氏后，周勃将吕氏所立的后少帝废去，迎立汉文帝刘恒。文帝当政期间，倡导勤俭节约、休养生息。他为人谦逊克己，知人善任，虚心纳谏，起用了如贾谊、晁错、张释之和周亚夫等许多人才。文帝钟爱黄老之学，经过他二十三年的统治，汉朝的统治秩序逐渐稳定下来，社会经济也得到恢复和发展。

拥立为帝，巩固皇权

汉文帝刘恒，刘邦第四子，其母为薄姬，起初刘恒被立为代王，建都中都。刘邦共有八个儿子，被吕后杀了四个。因为当时刘恒的地位较低，所以吕后没有加害于他。

吕氏被灭后，群臣讨论该由何人继位。最后，众大臣一致推选以宽厚仁慈闻名的代王刘恒。随后，朝廷派人前去请刘恒。开始，刘恒多次拒绝。经过很长时间的考虑后，他才来到长安，受到群臣和百姓的欢迎。到长安后，他暂住在代邸。接着，群臣前去拜见，呈上皇帝玉玺，尊其为帝。但是，刘恒却谦逊地说自己难当此任。群臣坚决请求，他才进入未央宫，继承帝位。

为了巩固政权，文帝马上让自己的亲信统帅京城守卫部队。随后，他将拥立自己为帝的大臣全部加官晋爵，同时恢复刘姓王的称号和封地，重赏开国功臣。通过这些措施，文帝巩固了自己的帝位。

此外，文帝谨慎处理朝廷重臣，以此加强皇权。当时，周勃因平灭吕氏，功劳卓著，所以行为日渐骄横。但是文帝并未指责他，反而更加厚待他。于是有人便劝说文帝，说周勃纵然功劳甚伟，但他终究是人臣，皇上这样待他，有失身份。从此以后，文帝便开始严肃起来，而周勃则越加敬畏文帝。一次，周勃的属下对他说："主公战功赫赫，但功高盖主就容易招来灾祸。"周勃听后，立即明白过来，随后便辞官回乡。

第二年，陈平去世。文帝再次任命周勃为相，但此后不久又撤掉了其相位。后来，有人诬告周勃欲反叛朝廷，文帝马上将周勃逮捕。经过核查，周勃并无造反之意，文帝又释放了他。这件事过后，群臣再也不敢轻视文帝了。

节俭爱民，虚心纳谏

在中国历史上，汉文帝是为数不多的几个真正提倡节约的皇帝之一。他主政期间，曾传令各地官员，一定要节俭行事，切勿扰民。

公元前178年，文帝曾传令清点长安的政府用马，多余的马匹都送到各地驿站使用。

▲（西汉）素面铜匜
高9厘米，长21厘米，瓢形，口微敛，圜底，下接3条兽蹄形足，全器素面，简洁流畅。

汉纪 上　　文帝治国有方

▲古代铸钱图

　　文帝在位期间,生活非常朴素,身上常穿粗袍;他宠爱的慎夫人,和文帝一样,也过着朴素的生活,平时不穿拖地长裙,只穿劳动妇女那样的衣服,其居室内的帷帐也没有丝毫纹饰。

　　有一次,文帝准备建造一座露台,后来计算得知,此项工程需花费黄金一百斤,这相当于十户中等人家的家产,于是就作罢了。

　　文帝反对厚葬,他的陵墓建在长安附近的灞水边,称作霸陵。当初建造陵墓时,他命令工匠只需顺着山势挖掘洞穴,不用加高。他的陪葬品全部都是用陶器做成的,因为他不同意用金银等贵重金属。他还下令,待其驾崩后,就把宫中夫人以下的宫女全部遣送回家,让她们出嫁。

　　同时,文帝颁布诏令:在全国各地,地方政府每月要为八十岁以上的老人发一石米,二十斤肉,五斗酒;凡是九十岁以上的老人,则每人再增加两匹帛、三斤絮。发给九十岁以上老人的东西,必须由县丞亲自送去;发给八十岁以上老人的东西,必须由乡官送去。经过文帝的大力倡导,全国尊孝敬老之风逐渐盛行起来。

　　除了节俭爱民,文帝还虚心纳谏。云中太守魏尚曾率军守卫边境,对将士十分爱护。他多次率军大败匈奴,匈奴后来便不敢轻易侵犯汉朝边境。但是,后来魏尚由于谎报斩敌首级数目而遭到罢官判刑的处置。

　　不久,文帝和冯唐谈论起古代大将时说道:"我只叹无法得到廉颇、李牧那样的人为将。如果拥有这样的大将,我何惧匈奴?"冯唐说:

少年读全景 资治通鉴故事 2

▶▶ 汉纪 上　　▶▶ 文帝治国有方

▲（西汉）陶猪圈
休养生息政策的实施，使汉朝的农业生产逐渐复兴，畜牧饲养业也得到了恢复和发展。类似于图中的陶猪圈常有出土，这些器物都是当时社会牲畜饲养繁盛景象的。

"我认为，皇上即使得到廉颇和李牧，也不会重用。"文帝听后大怒，问其原因。冯唐答道："廉颇屡战屡胜，那是因为赵王一直信任他。我听说魏尚在担任云中郡守期间，将当地税收奖赏给众将士，还用自己的俸金买牛宴请军中官吏。军中上下团结一心，所以匈奴人不敢靠近云中郡的边境。但如今魏尚却仅因谎报敌军首级数就被罢官下狱。可见皇上对他的信任十分有限。所以臣认为，即使皇上得到廉颇和李牧，也不会对其加以重用。"

文帝听后大喜，立即下令释放魏尚，并恢复了其官职，同时对敢于直言的冯唐也大加奖赏，提拔他担任车骑都尉。

体恤民情，开创盛世

文帝对农业非常重视，登基后多次颁布"劝课农桑"的诏令。此外，他还以身作则，亲自到田地耕作，并下诏：按照当地户口多寡设置三老、孝悌、力田等地方官吏，并经常赏赐他们，以此鼓励百姓发展生产。为了减轻百姓负担，文帝还经常颁布减少租赋的诏令。

公元前178年和公元前168年，文帝先后两次减轻租税；公元前167年，他又下诏尽免田租。同时，文帝将每年的算税由以前每人每年一百二十钱减至每人每年四十钱，徭役则缩减为三年一次。

另外，文帝还下诏：全国的土地和山林任由百姓开垦耕种；废除盗铸钱令，实行买卖自由政策。实行了以上措施后，凡是交易之物，市场上都有流通，商品经济发展迅猛。农、工、商业的发展，使文帝时期牲畜日多，财富增加，人口大增，国家的粮仓和钱库全部溢满，国家富足，经济昌盛。

文帝体恤民情还表现在对律令的取舍上。秦朝律令规定：一人犯罪，其父母、兄弟、姐妹、妻子、子女以及朋友、邻里都要连坐，重者判处死刑，轻者入官府为奴，此法称为连坐法。公元前179年，文帝下旨废除连坐法。公元前167年，文帝又相继废除了肉刑，改为处以杖刑和笞刑。

当时法律规定：谁都不可以议论皇帝，更不可以怨恨皇帝。如有违反，就犯了诽谤妖言罪。文帝认为，这种规定让群臣不敢讲真话，导致皇帝无法看清自身的不是，所以下诏加以废除。

公元前157年，文帝驾崩，时年四十六岁。

文帝谦虚克己，勤俭节约，是一个有作为的良君。他在位时采取的治国政策，对巩固汉初统治秩序、恢复发展社会经济，都起了十分关键的作用。作为一名贤帝，汉文帝必将在中国历史上永垂青史。

汉纪 上

神奇谋士陈平

陈平，汉朝开国元勋，才华出众，谋略过人。他最初辅助项羽，后来投奔刘邦。陈平曾六出奇计，帮助刘邦解围脱困，为大汉王朝的建立和巩固立下了汗马功劳。吕后死后，他又联合周勃一举铲除吕氏，然后迎立汉文帝登基。可以说，安定刘氏江山，陈平起了至关重要的作用。

胸怀壮志，营救刘邦

陈平出身贫寒，却酷爱读书。公元前209年，陈胜在大泽乡起义。随后，项羽也揭竿而起。陈平离开家乡，辗转到了项羽军中担任参谋。此后，他在鸿门宴上认识了刘邦，认为刘邦将来必成大器，因此想投奔刘邦。

鸿门宴后，刘邦被项羽扣在咸阳，基本处于软禁状态，处境十分危险。刘邦让张良想办法，但张良一时也想不到好计策，便去向陈平求救。二人一见如故，张良说明来意，陈平一口应承，说自己将尽力帮忙。

第二天，陈平设法支走了项羽的重要谋士范增，然后对项羽说："现在虽然平定了天下，但我们还要节约粮草。如今诸侯的兵力都在关中，每天要耗费大量粮食，最好让他们都回到自己的封地去。"项羽觉得很有道理，便马上下令，除刘邦之外，各路诸侯全部回封地。

陈平又授意张良代刘邦向项羽请辞，让刘邦回沛县省亲。项羽犹疑不决，张良便假意劝项羽不要让刘邦返乡，否则他会称王。为今之计，可以把刘邦的家人接到咸阳扣为人质，然后让刘邦去汉中上任。这样一来，他绝对不敢有异心。陈平也说："刘邦毕竟是被封了汉王的，主公要取信于天下，说话就要算数，否则有损主公名声。臣认为张良之计甚好。"在张良和陈平的游说下，项羽最终决定放刘邦返回汉中。

刘邦闻讯大喜，立即率军前往汉中。陈平的计策不仅保住了刘邦的性命，更为刘邦日后东山再起赢得了良机。

投奔汉王，施展奇才

不久，因楚军中有人投奔刘邦，项羽便迁怒于陈平。陈平不仅遭到重责，而且他出的计谋项羽也不再采纳。情知自己在这里不可能有所作为，陈平便准备前去投奔刘邦。

陈平经汉将魏无知推荐，得以面见刘邦。两人面谈后，都有相见恨晚之感。接着，刘邦破例封陈平为都尉，将他留在身边。众将领听说

▶（西汉）龙虎并体带钩
青玉质，半透明，局部有褐斑。一端雕成虎头，另一端雕成龙首，龙虎回首怒视。中有一玉环，雕于龙口与虎爪之间，龙虎身躯翻转，搏力相争。

少年读全景 资治通鉴故事 2

▶▶ 汉纪 上　　▶▶ 神奇谋士陈平

▲（西汉）彩绘陶乐舞杂技俑

这个以汉代杂技为题材的雕塑共有二十一人，其中表演歌舞、杂技的有七人，后面有七个乐师在伴奏，左右观众共七人。整件器物造型生动有趣，极富生活气息。

此事后，非常气愤，都说陈平道德败坏，曾贪污钱财，这种人不能信任重用。

刘邦便将陈平召来，亲自询问了一番："你以前追随项羽，现在又追随我，因此大家认为你没有信义。"陈平从容回答道："臣从前确实跟随过项羽，项羽虽然礼待贤士，却从不信任我。项羽不会用人，而汉王善用贤士，我当然要投奔汉王了。我两手空空过来，身无分文，迫不得已才收受他人钱财度日。如果主公不信任我，那么我情愿献出所得钱财，回乡种田。"此番话悲壮凄凉，刘邦听后十分感动，当面向陈平道歉，表示自己完全信任他。

智释樊哙，全身远祸

平定英布叛乱后，刘邦在回朝的路上一病不起。大军到达长安后，又传来燕王卢绾谋反的消息。刘邦卧病在床，无法亲征，便传召樊哙出征。樊哙率军离开长安后，有人向刘邦告密，说樊哙准备联合吕后，等皇上百年以后图谋不轨。

刘邦本就对吕后干涉朝政气愤不已，现在闻听她还要联合樊哙，心知事态严重，于是立即召来陈平商议对策。经过一番讨论，刘邦决定按陈平之计，先让陈平前往樊哙军中传诏，并在随行车中暗藏周勃。当他们一行到达军营后，陈平马上宣旨斩杀樊哙，由周勃取而代之。

二人领命上路后，陈平对周勃说："此事非常棘手！樊哙是圣上的同乡，立下汗马功劳。他的妻子是吕后的妹妹，他可是皇亲贵戚。现在，皇上大怒之下，要斩杀樊哙。如果我们当真照做，日后只怕会大难临头。所以，我们不如擒住樊哙，将他打入囚车，送回京城交给皇上亲自发落。这样不论樊哙日后如何，我们都不至于受到牵连。"于是二人来到军中拿住樊哙，将其打入囚车后送往长安。周勃则代替樊哙领兵继续讨伐叛军。

不料，陈平还没有到达长安，就传来刘邦驾崩的消息。他明白以太子之软弱，根本无法控制大局，日后朝廷的军政大权必然落在精明的吕后手

▶▶ 汉纪 上　　▶▶ 神奇谋士陈平

中。想到此，他便快马加鞭，星夜赶赴长安应变。

一到长安，陈平立即至宫中奔丧。在高祖的灵位前，陈平痛哭流涕，哭诉道："皇上命我斩杀樊哙，但我无权处决大将，所以将樊哙押回了长安。"他说这些话，就是为了向吕后表功。吕后姐妹听说樊哙没死，自然十分高兴。看着陈平泪流满面的样子，吕后还宽慰陈平。陈平便借机请求留在长安，吕后也答应了，还拜他为郎中令，命他辅助新皇帝。就这样，陈平再次保全了自己。

灵敏机智，晋升为相

汉文帝登基不久，便晋升陈平为左丞相。一天，文帝询问右丞相周勃："老丞相知不知道一年里国家判决的刑事案件有多少？"周勃老实地说不知道。文帝又问："那么一年里国库有多少收入呢？"周勃仍然说不知道。文帝很是不满，又询问陈平。陈平从容答道："陛下如果想知道天下有多少案件，可以去问廷尉；想知道国库的收入，则可以去问治粟内史。"文帝心中有气，于是问道："这些事情都有人管，那么你管些什么？"陈平答道："作为丞相，不该事事都管。我辅助陛下处理全国事务，使得国泰民安，大臣们各司其职。这就是我的职责。"文帝听后，立即转怒为喜。

退朝后，周勃拉住陈平，责备他为什么平时不教自己。陈平笑道："作为丞相，你还用人教导吗？再说回答了有多少案件后，倘使皇上又问你全国有多少盗贼，你又怎么回答呢？"周勃听后，明白自己的才能远远不及陈平。没多久，周勃便向文帝称病，要求免去自己丞相之职。文帝准奏，于是陈平便成为朝中唯一的丞相。

陈平妙计迭出，谋略超群。他先投奔项羽，最后归附刘邦，并辅佐刘邦南征北战，数次拯救刘邦于危难之中。他为建立大汉王朝立下了奇功。

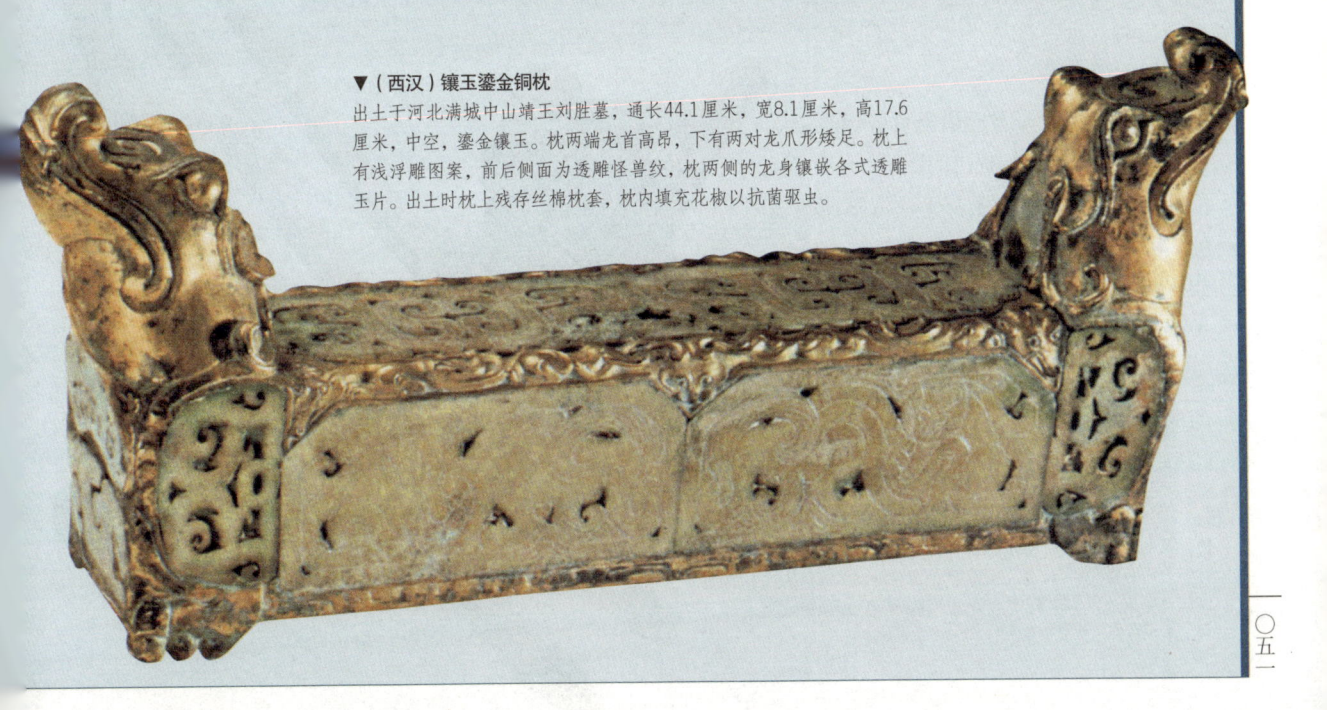

▼（西汉）镶玉鎏金铜枕
出土于河北满城中山靖王刘胜墓，通长44.1厘米，宽8.1厘米，高17.6厘米，中空，鎏金镶玉。枕两端龙首高昂，下有两对龙爪形矮足。枕上有浅浮雕图案，前后侧面为透雕怪兽纹，枕两侧的龙身镶嵌各式透雕玉片。出土时枕上残存丝棉枕套，枕内填充花椒以抗菌驱虫。

少年读全景
资治通鉴故事 2

▶▶ 汉纪 上　　▶▶ 贾谊上疏论政

汉纪 上
贾谊上疏论政

经过几十年的休养生息，汉朝的社会经济逐步恢复、发展，同时，政权也得到了巩固。此时，当年刘邦分封的同姓王实力日益壮大，对朝廷构成了重大威胁。贾谊深知其中忧患，便向文帝上书，谈论治国之策，为朝廷敲响警钟。

少年得志，仕途顺利

贾谊，河南洛阳人，从小勤奋刻苦，喜好读书，十八岁时因才华出众名动乡里。河南郡守吴公非常喜欢他，把他召到门下为徒。吴公知识渊博，使贾谊受益匪浅。

公元前179年，文帝召吴公归朝，晋升他为廷尉。接着，吴公便向文帝推荐贾谊，说贾谊遍览百家书，才学出众。就这样，文帝将贾谊也召到朝廷，任命他为博士。从此时起，贾谊便踏上了仕途。当时，他只有二十一岁，可谓少年得志。

那时的博士是专门供皇帝咨询事务的官员。汉文帝每次提出问题时，只有贾谊能对答如流，其他博士都无法清晰流畅地回答。因此，众博士对贾谊非常佩服。文帝也非常高兴，晋升他为太中大夫。

公元前178年，贾谊看到社会上弃农经商的现象日益增多，于是向文帝上《论积贮疏》，主张实行重农抑商的政策，发展农业生产，增加粮食储备，预防饥荒。文帝听后，认为有理，便采纳其建议，下令鼓励农业生产，这对恢复经济、发展生产起到了极为重要的作用。但是，重农抑商的政策也限制了商品经济的发展。

除此以外，贾谊还修改和制定了许多朝廷政令，并建议让王侯离京返回封地，这些建议都得到了汉文帝的认可。但是以上法令和措施触犯了王侯贵族们的利益，因此他们对贾谊十分愤恨。

元老排斥，贬官外放

当汉文帝准备再次晋升贾谊时，遭到了文武大臣的反对。那些元老重臣看到贾谊少年得志，官运亨通，开始对贾谊不满，比如周勃和灌

▶（汉）耧车
耧车是一种播种工具，由种子箱和三角耧管组成，以人或牲畜为牵引动力。耧车的使用，在汉初农业生产的恢复和发展中发挥了重要作用。

汉纪 上　　　贾谊上疏论政

婴。周勃和灌婴都出生于贫寒之家，后来跟随刘邦南征北战，屡立战功，是汉朝的开国元勋。他们虽然位高势大，官至侯爵，但基本不通文墨。文帝执政时，他们年事已高，但居功自傲，思想保守，心胸狭隘。当贾谊这种知识渊博的青年人在朝廷有所作为时，他们的内心非常不舒服。一方面，他们认为贾谊的资历太浅；另一方面，他们又嫉恨其有着渊博的学识。所以当文帝准备晋升贾谊并委以重任时，他们便联合起来攻击贾谊，对文帝说让贾谊处理国家事务，只会扰乱国家安定。

见这些开国老臣们强烈反对，刚刚登基的文帝也只好将此事暂时搁置。此外，文帝的宠臣邓通也对贾谊嫉妒万分，而贾谊又非常貌视靠拍马屁起家的邓通。于是，邓通常在文帝面前诬陷贾谊。时间一长，文帝对贾谊也冷淡起来。

开国老臣和邓通的攻击使贾谊无法在朝中立足。后来，文帝将贾谊贬出长安，派他前往长沙，担任长沙王的太傅。位于南方的长沙距离长安远达千里，路上交通不便，异常辛苦。最使贾谊伤心的是，他知识渊博，才华横溢，胸怀大志，本欲辅佐文帝有所作为，却遭朝臣诬陷而被贬外放。

贾谊感到十分孤独和失望，他认为自己的遭遇和屈原一样，于是写了一首《吊屈原赋》，以此来表达心中的哀伤之情。

上书言事，切中时弊

公元前173年，文帝十分思念贾谊，因此召其返回京师。贾谊返回京师时，发现朝廷的人事变动很大。当时，灌婴已死，周勃解甲归田。然而，文帝还是未重用贾谊，只是让他担任梁怀王的太傅。梁怀王是文帝幼子，很受文帝宠爱。

但是，贾谊依然关心朝政。当时，朝廷有两个主要矛盾：一个是朝廷和地方诸侯王之间的矛盾，一个是汉王朝和匈奴之间的矛盾。这两个矛盾日趋尖锐，贾谊已经透过当时表面稳定的政治局势，看到了潜藏的危机，他十分担忧。贾谊向文帝上疏《治安策》，指出诸侯王是威胁朝廷安定的关键因素。

此外，列举了诸侯王反叛的历史事实后，贾谊又向汉文帝提出了具体的应对之策，即在诸侯王原有的封地上再次分封诸侯，以此来分散他们的领地，削弱他们的实力。然而，文帝并未采纳贾谊的建议。

▲贾太傅祠的长怀井
贾太傅祠位于湖南长沙，相传为贾谊故居。宅内有一口古井，称太傅井，亦称长怀井，由杜甫"长怀贾谊井依然"的诗句而得名。

深切自责，忧郁而亡

公元前169年，梁怀王在骑马时摔死。贾谊为此自责不已，经常哭泣。在这种情况下，他还是以国事为重，经常为文帝建言献策。

梁怀王没有子嗣，按照律令其封国应当被撤销。但贾谊认为，撤销梁国会影响朝廷局势。他建议让代王刘参迁到梁国，并扩大梁国和淮阳国的封地。如此一来，即便国家有难，梁王足以抵御齐赵，皇上就可以安枕无忧了。

少年读全景
资治通鉴故事 2

▶ 汉纪 上　　▶ 贾谊上疏论政

▲（西汉）犀形玉璜
青玉，黄白透青，其形如璜。犀弓身低头，前后肢蹲曲，尾巴卷起，如蓄劲前衡之势，其眼、角、腿、蹄趾和尾等均以阴刻的粗细线勾画。犀体边缘起棱，中饰窝纹，背部有一钻孔。

　　文帝听了贾谊的建议，但因代王封地十分重要，不好变动，就下诏封淮阳王刘武为梁王。在此后的七国之乱中，梁王刘武抵御齐赵的部署，正是根据贾谊的建议而为。可见贾谊谋略之深远。

　　公元前168年，贾谊抑郁而终，年仅三十三岁。

　　贾谊的一生，虽然因遭诬陷而被贬外放，未曾封侯拜爵，但他的许多建议依然受到了文帝的重视。后来，他因梁怀王之死深感自责，抑郁而终，真是遗憾至极。

　　苏东坡曾说："贾生志大而量小，才有余而识不足也。"但是，从政治家和思想家的角度来看，贾谊的历史贡献足以让其名传后世，万古流芳。

▶（西汉）鎏金铜熏炉
出土于山东淄博齐王陵陪葬坑，口径9.3厘米，通高14.4厘米。此炉为焚香器具，圈足刻有铭文。

汉纪 上　张释之严于执法

张释之严于执法

张释之，西汉著名清官，文帝时担任廷尉。他认为廷尉是"天下之平"，如果执法不公，有法不依，那么天下百姓就会有苦难言。张释之执法甚严，当皇帝之诏和律令产生矛盾时，他也会依法而行，维护法律的尊严，时人因此赞誉道："张释之为廷尉，天下无冤民。"

机智灵敏，勇于劝谏

张释之，字季，河南方城人。在家排行第三，平时与两位兄长同住。文帝时，张释之担任骑郎十年之久，虽然为官清廉，却始终未得晋升。张释之失望至极，于是准备辞官归乡。

当时，中郎将袁盎是张释之的上司，认为他辞官回家十分可惜，于是就向文帝上奏，请求调任张释之为谒者。在袁盎的推荐下，文帝决定接见张释之。张释之见到文帝，便要开始谈论国家大事。但文帝却阻止了他，说道："千万不要高谈阔论了，讲些务实的东西吧。"于是，张释之将秦为什么会灭亡和汉为什么会兴起谈论了一番。文帝认为他分析得很有道理，便为他安排了官职。

一次，他随文帝外出游玩，来到一个专门为皇家放养珍禽异兽的地方。文帝问负责此地的官员，这里有多少珍禽异兽。这个官员回答不上来，觉得十分难堪。这时，他身旁一个人上前替他回答了文帝的问题，说得滔滔不绝。文帝听后，对其十分欣赏，便准备下旨提拔此人。

张释之觉得此人说话过分夸张，便上前对文帝道："陛下认为降侯周勃和东阳侯张相如何？"文帝说："他们都很忠厚。"张释之说："陛下既然知道他们都是忠厚之人，那么为何还要提拔眼前这个人？难道陛下要让群臣学这个油滑之人吗？当年秦始皇重用言过其实的人，结果致使群臣崇尚空谈，不务实际。现在陛下仅因此人言辞流利就要提拔他，我担心日后朝廷中也会形成崇尚空谈的坏风气。"

文帝甚觉有理，便没有提拔那个人。回宫后，文帝马上提拔张释之担任公车令，主要负责皇宫警卫。

依法量刑，不谀君王

有一天，文帝乘车经过一座桥时突然跑出一个人，惊扰了文帝的车驾。文帝下令逮捕此人，交给廷尉审理。那人本是一个普通百姓，说自己听到皇上车马来临的警戒后，便急忙藏在桥下避让，过了一会以为皇上的车马已经过去就跑了出来，不料还是惊扰了皇上。张释之核实后，按律对这个人处以罚金。

文帝听说后大怒："他惊吓了我的马，几乎让我受伤，你竟然就这样轻微地处理了？"张释之解释道："皇帝与百姓都必须遵守律法，他犯错了就该按法律处理，不偏不倚。廷尉乃天下法律的天平，若稍有差池，其他执法者便会依样而为，那百姓今后将手足无措

▲（西汉）鎏金龙纹甬钟
高42厘米，宽21厘米，甬长18厘米，钟体呈椭圆状，整体鎏金保存完好，音色优美，清纯悦耳。

汉纪 上　　张释之严于执法

了！"文帝终究是一个明理之君，听张释之说得有理，也就不再追究了。

犯颜执法，一代清官

不久，又有一起大案发生。有人盗窃高祖庙前的玉环，被捕获。文帝大怒，下令将此案交给廷尉处理。张释之根据汉律，将罪犯处以弃市之刑（就是将罪犯斩首示众于热闹的市区）。

文帝极为不满，责问张释之："此人盗窃先帝庙前供奉的玉器，实在胆大妄为，罪该万死。我之所以命你亲自审理，目的是让你对其施以重刑，将其父族、母族、妻族统统斩杀，而你却处理得如此之轻！这岂不让朕有负于先帝在天之灵吗？"

张释之说："法律规定犯盗宗庙服御物罪者其刑罚为弃市，法律对各种罪犯的处治方法，并非出于主观与随意，我完全是按照法律规定处理的，判弃市刑已经属于这类罪行的最高刑罚了。"文帝听后，认为张释之说得有理，便肯定了张释之的判决。

张释之执法不徇私情，因此得罪了许多人。文帝驾崩后，景帝即位。张释之听说有人准备趁机报复自己，于是想要辞官归家。这时，有一个叫王生的隐士来到张释之的官衙，当着许多官员的面让张释之替他把袜子脱下来，过了一会儿又让张释之给他穿上。张释之都照做了。许多人都责备王生不该在衙门里当着众人的面侮辱张释之。王生对众人说："我是贫贱之人，一生都没有跟廷尉张释之有过什么交往。廷尉现在是德高望重的大臣，我之所以戏弄他，就是想以此来提高他的声誉。"的确，张释之并未责怪王生，反而恭敬地按王生的要求做了，这让群臣更加敬重张释之。

由于张释之执法公正，时人赞誉道："张释之为廷尉，天下无冤民。"由此可见，他得到了当时百姓的认可与信任。

▼（西汉）铜豹
出土于河北满城中山靖王刘胜墓，豹身通体鎏金，光芒闪烁，豹头顶两长须反卷曲于背上，前爪向前，后腿分立，长尾反翘于股，昂首仰视，甚是威武。

汉纪 上　　开明君王汉景帝

开明君王汉景帝

汉景帝是汉朝的一代明君。他在位期间，推行开明宽松的政策，促进了社会经济的发展，使国家呈现出一片繁荣景象。景帝延续了高祖时期的和亲政策，暂时避免了与匈奴发生大规模的冲突，从而为发展经济创造了有利的环境，也为日后汉武帝反击匈奴奠定了物质基础。基于此，后世将文帝和景帝的统治并称为"文景之治"。

休养生息，国泰民安

汉景帝刘启，文帝之子，母为窦皇后。刘启不是文帝的长子，他的四个兄长死后，他才登上太子之位，成为皇位的继承人。

公元前157年，文帝驾崩，刘启登基。即位后，他继续推行文帝时期的政策，鼓励发展农业生产。

景帝说："农，天下之本也。黄金珠玉，饥不可食，寒不可衣，以为币用，不识其终始。"因此，他多次下诏让各地各级官员鼓励百姓发展农业。

景帝允许定居在土地贫瘠之地的农民可以任意迁往土地肥沃的地方从事农业生产，并将"长陵田"租给无地少地的农民。他还多次严厉打击擅用民力的官员，这样就保证了正常的农业生产。此外，景帝还曾下令不准用谷物酿酒，不准用粟喂马。

公元前156年，景帝下诏：只收取文帝时税收的一半，即三十税一。从此以后，这种税率成为西汉定制。次年，景帝下诏：男子服徭役的年龄推后三年，并减少服役时间。此项规定一直沿用到西汉昭帝时代。

景帝制定的另一项惠民政策就是减轻刑罚。文帝时减轻了笞刑，但鞭打的次数仍然很多，所以景帝又逐渐减少了次数，同时规定了刑具的长短、宽窄，并规定施刑中途不准换人。这样一来，就使刑法更加完善。对于审案断罪的官员，景帝也经常训导他们要宽容，不准随意重判。

在思想领域，景帝也不再严厉禁止其他学派的发展。汉初，黄老学派最负盛名，此学派主张无为而治，减轻徭赋，这与景帝的治国思想基本一致。但景帝在提倡黄老之学的同时，也允许儒家等学派的存在和发展，这为日后各学派的继续发展繁荣奠定了基础。

在外交方面，景帝继续推行和亲政策。对于匈奴的侵扰，景帝没有大举反攻，而是以大局为重，积极防御，同时在边境地带设立市场，和匈奴人做贸易。此举在一定程度上缓和了汉人与匈奴人的矛盾。

在景帝的治理下，汉朝国家安

◀（西汉）玉杯

玉杯是一种饮酒器具，玉杯的使用约始于西汉。此杯高12.3厘米，器口呈椭圆形，器身腹部刻有云纹，足作豆形，制作精美。

少年读全景
资治通鉴故事 2

▶▶ 汉纪 上　　▶▶ 开明君王汉景帝

定,经济发展,实力日益壮大。

发展教育,打击豪强

景帝当政期间,在教育领域最突出的作为就是支持文翁办学。

文翁,安徽庐江人,年轻时就好学,可谓学富五车。后来,当地官员经过考察后向朝廷推荐他,景帝晋升他为蜀郡太守。文翁到达蜀郡后,开创了郡国官学,对文化的传播起了重要作用。他的成就得到了景帝的肯定,景帝对其办学模式十分认可,下诏在全国推行。

景帝一面大力发展文教,一面严厉打击地主豪强。他采取了许多手段,其中最关键的有两个:其一,景帝仿效刘邦将豪强迁到关中之法,把豪强迁到阳陵,以此达到分离其宗族亲党、削弱其势力的目的;其二,重用酷吏,让其大力打击为非歹之徒,从而达到杀一儆百的目的。两项措施让各地豪强人人自危,都不约而同地收敛了暴行。这些措施也局部调整了阶级关系,有利于发展社会经济,改善社会秩序。

宽厚仁慈,患病逝世

景帝非常善于用人。为了严格管理京城众多的皇亲国戚和官僚贵族,景帝晋升执法不阿的宁成担任中尉之职。宁成到任后,很快便将那些胡作非为的权贵们治理得服服帖帖。

景帝也能恰当任用外戚。窦婴是景帝之母窦太后的侄子,景帝觉得窦婴才华出众,就封其为大将军。后来窦婴立过几次大功,窦太后多次让景帝拜窦婴为相,但景帝都以窦婴不太稳重为由拒绝,后来他让卫绾做了丞相。

▲(西汉)青玉辟邪
该青玉辟邪兽高昂头颅,兽口微张,似在低吼,其前胸、四肢及曳地长尾表现出强劲的力与美。其玉质原为青白,但如今浑身沁作赭斑。

景帝宽厚仁慈,不记旧仇。他做太子时,张释之曾拒绝其车马入殿门,因为他进宫门时没有下车,违反了当时的律令。此事后来被文帝之母得知,文帝向母亲认错,承认自己没有教育好皇子。而景帝即位后,并没有公报私仇,依然让张释之担任廷尉。

景帝的仁慈还体现在对兄弟姐妹和宫中嫔妃的态度上。胞弟刘武和景帝很亲近,经常来皇宫跟他谈心。后来刘武病死,景帝很伤心,他将刘武的五个儿子分别封了王。对于宫中嫔妃,她们做得对,景帝就奖赏;做得不对,景帝就惩罚。

公元前141年,景帝病死在未央宫,年仅四十八岁。

经过景帝的治理,汉朝社会经济获得显著的发展,统治秩序日臻完善,实力也日益强大。

汉纪 上　晁错削藩

晁错削藩

汉文帝时，同姓王的势力日益强大，对朝廷形成了威胁。在此情况下，晁错建议文帝削弱王侯势力，但是未被文帝采纳。后来，景帝采纳了晁错的建议，不料却引发了皇室内乱，而晁错也因此被冤杀。

文帝赏识，景帝宠幸

晁错，颍川人，最初掌管宗庙祭祀和礼仪，后来被朝廷选派出去学《尚书》，回朝后，便开始为文帝讲解《尚书》。晁错言辞犀利，才华横溢，很受文帝喜爱。不久，晁错就被任命为太子舍人、门大夫，后又被提升为博士，专门教导太子。

担任博士后，晁错著《言太子宜知术数疏》。在文章中，晁错指出：皇帝若要建功立业，名留青史，最重要的是掌握治国之策。他建议文帝选择圣人治国之书赐予太子，让其多加学习。文帝觉得有理，采纳了他的建议，晋升他为太子家令。晁错分析问题有条有理，见解独到，能言善辩，因此得到了太子刘启的信任。

后来，晁错多次向文帝提出削藩的建议。文帝虽然没有完全采纳，但还是十分欣赏他。当时，太子刘启赞成晁错的计策，而有些大臣则坚决反对。

刘启登基后任命晁错为内史。此后，晁错多次与景帝私谈，景帝十分信任他，基本都会采纳他的建议。

位高权重，提议削藩

很快，晁错便被升为御史大夫，地位仅次于丞相。不久后，他递上《削藩策》，再次向景帝建议削藩。

在《削藩策》中，晁错建议道：朝廷一定要防备实力最强的吴王刘濞。刘濞是高祖的侄子，高祖将他封为吴王之后便后悔了，但诏令已下，无法即刻撤销。刘濞到任后，便在吴地准备起兵篡位。他的儿子进京时与时为太子的景帝争抢道路，最后被景帝的车误伤，不治而亡。刘濞一直对此怀恨在心。景帝继承皇位后，刘濞已厉兵秣马四十载。在此期间，他私铸钱币，贩卖私盐。为了增强实力，他将逃犯全部招去，其反叛之心昭然若揭。晁错认为，吴王刘濞迟早会反，现在削其封地，他定会立即反叛，如此正好趁机消灭他。否则，任由他的势力发展下去，将后患无穷。景帝听后表示赞同。

晁错的主张遭到诸侯王和群臣的坚决反对。晁错之父听到这个消息，立即从家乡赶来，对晁错说："你这样做，只会带来灾祸。我本来在家颐养天年，如今你却这样做，我必定时日无多。"晁错疑惑地看着父亲，晁父接着道："你官至御史大夫，地位已经够高。为什么不明哲

◀（西汉）错金铜虎节

出土于广州南越王墓，是当时用以征调车马的信符。器身布满贴金虎斑，刻有错金铭文"王命命车徒"。

少年读全景
资治通鉴故事 2

▶ 汉纪 上　　▶▶ 晁错削藩

◀（西汉）金缕玉衣
玉衣是汉代皇帝和贵族的殓服，按死者等级，分别着金缕玉衣、银缕玉衣、铜缕玉衣。1968年，满城汉墓出土了保存完整的中山靖王刘胜的金缕玉衣，该玉衣由两千多枚玉片用金丝编缀而成，设计精巧，做工细致，是旷世难得的艺术瑰宝。

保身，却自找麻烦，惹祸上身？你想想，诸侯王与皇室是骨肉至亲，你如何去管？你把他们的封地削掉，他们都会怨恨你、报复你，你这样做究竟是为了什么呀？"

晁错回答道："诸侯王的封地不削，国家将永远不得安宁，天下迟早会再次陷入混乱。我做这件事，就是为了安定天下。"晁父叹了口气说："你这样做，刘家的天下安定了，我们晁家却危险了。我老了，不愿意看到大祸临头。"晁父回到老家后，便服毒而亡。

替罪羔羊，冤死刀下

随后，汉景帝下令削藩。就在这时，楚王刘戊来到京师长安，晁错乘机揭发其罪恶，请景帝将其问罪，收回其部分封地。就这样，景帝削去了楚王的封地，随后又削去了赵王的部分封地，准备对付实力最强的吴王。

此时，吴王刘濞已经打定主意起兵造反了。他打着"清君侧"的幌子，煽动别的诸侯一同起兵叛乱。七国联合反叛后，汉景帝十分恐惧。这时，晁错的政敌袁盎劝汉景帝道："其实，吴国和楚国本来没有实力反叛朝廷。他们虽然富足，将士也多，但领导者都是一些见利忘义之徒，根本不堪一击。现在，他们起兵反叛朝廷，是被削藩令所逼。陛下只要斩杀晁错，退还诸侯王被削去的封地，就可化干戈为玉帛。"袁盎过去曾担任吴国相国，所以景帝对他的话深信不疑。景帝听了这番话后，说："如果他们真能够撤兵，我又何必舍不得晁错一个人呢？"景帝心中已有斩杀晁错以平叛乱的想法。

不久，一些大臣上奏弹劾晁错，说他大逆不道，竟然建议陛下亲征叛军，而自己却留守京师，"无臣子礼，大逆无道"，所以应该被腰斩、灭全族。景帝为了保住自己的皇位，顾不得与晁错多年的君臣之情，默许了这个奏章。

随后，景帝派人来到晁错家，诈称让晁错上朝商议大事。晁错毫不知情，穿上朝服，坐车向皇宫赶去。车马经过长安东市，景帝所派之人忽然拿出诏书，要晁错下车听诏。接着，这个一心想维护汉家天下的晁错就这样被杀害了。

忠臣蒙冤而死，实在可叹！明代思想家李贽曾说："错但可谓之不善谋身，不可谓之不善谋国也。"可以看出李贽十分赞赏晁错一心为国而置个人安危于不顾的精神。这种精神也的确值得后人赞颂。

汉纪 上　　周亚夫平乱

周亚夫平乱

西汉景帝时，七国之乱一起，朝廷惊惶不已。随后，中尉周亚夫兼任太尉之职，奉命率军东进讨伐叛军。经过一番激战，周亚夫终于一举平定叛乱。平定七国叛乱后，各地诸侯王的势力受到严重削弱，诸侯王的权力也受到了限制。至此，高祖制定的同姓王制度所带来的矛盾暂时得以缓和，皇权得到了强化。

出身将门，细柳扬名

周亚夫，周勃之子，性格刚硬，沉默寡言，其父周勃乃汉朝开国功臣。周亚夫起初被任命为河内郡守。

一次，周亚夫请来当时著名的看相者许负为自己相面。许负说："大人三年后可封侯，八年后可拜相，尊贵无比，但九年后大人会饿死。"周亚夫不信，笑着说："你这次没有看准，我乃家中次子，兄长已继承了父亲的侯爵。即使他死了也应该由他的儿子继承，所以我不可能封侯。你既然说我无比尊贵，那又怎会被饿死？"许负指着他的嘴说："你嘴上有条竖直的纹到了嘴角，这正是饿死的面相。"闻听此言，周亚夫非常吃惊，但依然觉得许负的话不可信。

三年后，周亚夫之兄犯罪被剥夺了爵位。文帝感念周勃之功，不忍剥夺周家的爵位，便选择周勃之子中贤能的人继承爵位。大臣们都推举周亚夫，于是文帝便让周亚夫继承了爵位。

公元前158年，匈奴大举侵扰边塞。文帝立即派大军前去抵抗。此外，为了保护京师，文帝又派出三位将军率军守卫长安：刘礼驻军灞上，徐厉驻军棘门，周亚夫驻军细柳。

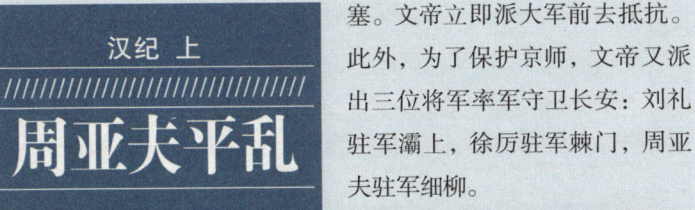

为了鼓舞士气，文帝亲自前去慰问军队。在灞上，刘礼与部下将士看到文帝驾到，全部骑马出迎。汉文帝的车马驶进军营，无人拦阻。汉文帝慰劳过后便率队离去，刘礼和众将士又出去欢送。

文帝到了棘门的军营后，车马还是直接驰入，徐厉带领部下下马迎送。

文帝到了周亚夫的营寨，感觉和先到的两处截然不同。文帝的先遣车马来到军门后，守卫军门的将士拦住不让进。先遣官大怒，道："你们真是大胆，陛下就要驾临。"这位将领却说："将军有令，军中只听将军命令，不听天子诏令。"

就在他们争吵之时，文帝已经来到近前，但军门守将依旧不让进。无奈，文帝只好派使者拿着自己的符节进去通报，周亚夫这才下令打开寨门迎接皇帝。传令的人又严肃地告诉文帝的随从："将军有令，军营之中不许车马急驰。"

文帝的许多侍从官员开始怒骂周亚夫。文帝却吩咐车夫放松缰绳，缓慢而行。于是，车夫只好控制着缰绳，不让马走得太快。到了军中大帐前，周亚夫一身戎装，手持兵器向文帝行拱手礼："臣盔甲在身，不便下

▲周亚夫像
西汉名将周亚夫是汉初大将周勃之子，少时喜读兵书，智谋过人，曾率军平定七国之乱。

少年读全景
资治通鉴故事 2

▶▶ 汉纪 上　　▶▶ 周亚夫平乱

▲（西汉）绿釉陶灯

汉纪 上　　周亚夫平乱

拜，请陛下允许臣以军中之礼拜见。"文帝非常感动，欠身扶着车前的横木向将士们行军礼。

在返回京师的路上，许多人痛骂周亚夫，但文帝却感慨地对群臣说："这才是真将军啊！灞上和棘门的军队，简直视打仗如儿戏。如果敌人来偷袭，恐怕他们的将军也要被俘虏，但是周亚夫的军队绝对不会被敌人偷袭成功。"

过了一个月，看到汉军集结于北方，匈奴便撤兵了。于是，保卫长安的三路大军也撤兵回归原地。经过这次事件，汉文帝认定周亚夫是个优秀的将军，所以不久后便任命他为中尉。文帝在弥留之际将太子召到床前，叮嘱道："国家一旦发生混乱，就让周亚夫率军平叛，一定可以达到目的。"

景帝登基后，任命周亚夫为车骑将军。

神机妙算，平定乱事

公元前154年，吴、楚等七个诸侯国以"诛晁错、清君侧"为由发动叛乱。随后，景帝任命周亚夫担任太尉，率军前去征讨。叛军最初向梁国进攻，但周亚夫并不想直接援救梁国，他对景帝说："吴、楚军队士兵勇猛，行动迅捷，我们很难同他们在面对面的作战中取胜。我想让梁国拖住吴兵，再率兵断绝他们的粮道，这样就可以制服叛军了。"景帝同意了这个建议。

周亚夫率军出发，到灞上时，有个名叫赵涉的人建议他向右行进，以避免被叛军半路攻击。周亚夫采纳赵涉的建议，走蓝田，出武关，到达洛阳，经过一番搜索，围剿了吴王在这一带所遣的伏兵。

这时，梁国告急，梁王请求周亚夫出兵援助。周亚夫却领兵向东急行至昌邑，挖深沟、筑高垒进行防御。梁国再次派使者求援，周亚夫却坚守营垒不去救助。梁王向景帝上书，景帝派使臣下令命令周亚夫救援梁国。周亚夫却不执行，坚守不出，因此梁王对其愤恨不已。与此同时，周亚夫派人断绝叛军后方的粮道，抢劫叛军粮草。叛军看到粮草被抢，于是反攻周亚夫，但周亚夫依旧命令士兵只坚守不出击。

某个夜晚，周亚夫军中突然惊乱，吵闹声都传到周亚夫的营帐了，但周亚夫始终高卧不起。过了一会儿，军营自然就恢复安定了。后来，吴军扬言要奔袭周亚夫军营的东南方向，而周亚夫却派人防御西北方向。不久叛军果然以其精锐部队从西北方向攻打军营，由于汉军早有防备，因此叛军迟迟不能攻下。

叛军缺乏粮草，只得引军撤退。周亚夫于是派精兵追击，大破叛军。最后，无路可逃的吴王刘濞被越人斩杀，七国之乱宣告结束。此次平定七国之乱，历时仅三个月。这时，群臣才领教了周亚夫的奇妙谋略。

平定了七国之乱后，刘氏皇权得到了进一步的巩固。身为平叛统帅，周亚夫在平叛中居功至伟。不过，他为人刚硬，不善变通，在平叛时得罪了梁王，也为自己日后的不幸埋下了祸根。

◀（西汉）彩绘骑射白鹿陶壶

汉纪 上　　国之爪牙郅都

汉纪 上
国之爪牙郅都

自古以来,在无数进步思想家的坚持和弘扬下,天下为公、以民为本、勤政爱民、廉洁奉公、诚信守法等朴素的民主思想与道德观念一直被视为正统,这也使历史上涌现出了众多清官,例如西汉的郅都。

镇压豪强,执法不阿

郅都,山西洪洞人,文帝时进入朝廷担任郎官,主要侍奉文帝。汉景帝即位后,郅都被任命为中郎将。他性格刚硬,勇于直谏,敢于当朝指责群臣,因此很快便得到了景帝的青睐。

一天,景帝带着宠妃贾姬到上林苑游玩。众人兴致正高时,贾姬要去如厕,不料她进入附近一间厕所后,一头庞大的野猪也冲了进去。汉景帝示意郅都立即去救人,谁知郅都就像木头人一样,丝毫没有反应。景帝情急之下,抽出随身宝剑,要闯进去救贾姬。就在这时,郅都却突然跑过来,挡到景帝面前,跪下叩头,而且边流泪边说:"陛下千万别去!即使贾姬遇难,还有别的姬妾,但是如果陛下出了事,国家怎么办?太后又怎么办啊?"景帝听后,也觉得他说得有理,便决定不去营救贾姬了。出乎众人意料的是,就在这时,那头野猪却自己跑了出来,而贾姬随后也平安地出来了。不久,窦太后听说了这件事,她认为郅都有大局观,便重金赏赐了他。

汉初,豪强地主势力迅速膨胀,有的居然不守国法、横行地方、蔑视官府。如济南郡的瞷氏家族仗着宗族人口众多,横行当地,屡与官府作对。地方官对此地头蛇也没有办法,于是汉景帝任命郅都担任济南太守。郅都见不法豪强目无国法、肆行无忌,便采取以暴制暴的手段。他到任

▲（西汉）跪坐拱手陶俑
俑高33厘米,阳陵陪葬墓园出土。此陶俑朱唇黑眉,面容清秀,一袭深衣,塑绘出了女性的美丽、娴静、细腻和沁人心脾的韵致,令人倾倒。

后便将瞷氏的罪魁祸首斩杀,并推行严法。首恶被诛后,其他人便不敢再与官府作对了。经过一年多的治理,济南的社会秩序逐渐安定,当地人路不拾遗,百姓安居乐业。郅都严厉地治理济南豪强,对当地的影响非常大。

公元前150年,郅都晋升为中尉,负责长安的治安,并统帅北军。他为官廉洁,执法不避皇亲

汉纪 上　　国之爪牙郅都

◀ （西汉）五铢钱铜范
长12.5厘米，宽7.5厘米，圆角长方形，中刻阳文五铢钱，钱文清晰，字体方正，是研究西汉五铢钱的宝贵资料。

和权贵，从不徇私舞弊，从不接受他人贿赂和亲友的馈赠，凡是私人求情之信都不看。他常说："既然离开家人外出为官，就应该在任上奉公职守，守义而亡，尽管这样可能会无法照顾妻子儿女。"他抱着置之死地而后生的决心打击暴徒，对暴徒起到了巨大的震慑作用。就是皇亲贵戚见到郅都，也都敬他三分，由此人们称他为"苍鹰"。

后来，郅都的名气竟然远传到匈奴，使得匈奴人也觉得胆寒。鉴于此，酷吏张汤赞颂道："我大汉有了郅都和魏尚，匈奴便不敢出兵南侵。"此后，汉臣谷永又将郅都与廉颇、赵奢并列，誉其为"战克之将，国之爪牙"。

得罪太后，蒙冤而死

栗妃之子刘荣是景帝长子，也是当朝太子。但是，栗妃却未被景帝封为皇后。后来，有大臣上书，认为太子之母栗妃当为皇后。结果栗妃遭到其他宠妃的诬陷，景帝偏听偏信，废了刘荣的太子之位，将其改封为临江王。

不久，刘荣又侵占宗庙土地自建宫室。景帝命其入京交代。刘荣到长安后，被传到中尉府受审，主审官正是郅都。审理期间，刘荣请求给他纸笔，欲写信直接向景帝谢罪，但郅都不许。这时，窦太后堂侄窦婴派人悄悄送给刘荣纸笔，但刘荣认为自己受到了羞辱，在向景帝写信谢罪后，便在中尉府自杀了。窦太后得知后非常气愤，深恨郅都过于严厉，命景帝让他罢官返家。

那时候，匈奴骑兵经常侵扰汉境，朝廷却没有得力的官员对其进行阻击，因此边境各地混乱不堪。郅都回家后不久，汉景帝又派专使到郅都家乡，拜郅都为雁门郡太守，命他抗击匈奴，并特许他不必按常规赴朝面谢，可从家中直接赴任。景帝还下令郅都可自己酌情裁定边境的一切事情，先行后奏。匈奴人听过郅都的节操威名，得知他担任雁门太守，便全军后撤，远离雁门。据传，匈奴首领曾用木头刻成郅都之形，立为箭靶，令匈奴骑兵飞马试射。由于匈奴人对郅都畏惧，众骑兵竟无一人能够射中。

为了陷害郅都，匈奴首领派人潜入长安，到处散布关于郅都叛国的谣言。窦太后闻听此事，未加考证追查，便命人抓捕郅都。景帝知道郅都是被人陷害，便想将其释放。但是，窦太后对郅都审理刘荣之事始终耿耿于怀，因此不准景帝释放他。最后，在窦太后的敦促下，郅都惨遭杀害。郅都死后不久，匈奴骑兵便攻进雁门郡。

郅都为官清廉，执法不阿，一心为公，却因得罪太后，最后被冤杀，实在是可悲可叹。

汉纪 上

窦太后干政

窦太后推崇黄老思想，在她的干预下，朝廷延续了高祖刘邦在位时制定的休养生息、无为而治的政策，从而使汉王朝日益强盛起来。之后的历代统治者，都没有谁像她那样真正推崇黄老思想，实行无为而治。窦太后非常宠爱儿子刘武，为了让刘武继承皇位，她强势干预朝政，此举也颇受后世责难。

晋升皇后，关照家人

窦太后，名漪房，河北清河人。窦漪房出身贫寒，她的父亲为了逃避战乱，隐居于乡村，全家以钓鱼为生，勉强度日。后来，父亲不幸溺水而亡，窦漪房家中更是难以为继。

汉初，朝廷到清河一带选拔宫女。窦漪房以家人子的身份被选入宫中服侍吕后。后来，吕后挑选一些宫女赏赐给诸侯王，窦漪房也在选中之列。窦漪房因家在清河，离赵国近，便希望能到赵国去。她请求负责派遣宫女的宦官把自己的名字放到去赵国的名册里。不料这个宦官在分派宫女时却把这件事忘了，把她的名字误放到去代国的名册里了。就这样，她去了代国。

虽然这不是她的心愿，但到了代国，代王刘恒却非常宠爱她，先与她生下了女儿刘嫖，后又与她生了两个儿子：刘启和刘武。

代王原来的王后在生了四个儿子后便去世了。等到代王继位成为汉文帝后，原王后生的四个儿子也相继去世了。群臣请求立太子，窦漪房之子刘启因为年纪最长，被立为太子。同时，窦漪房被立为皇后，刘嫖被封为长公主，刘武先被封为代王，后被封为梁王。窦漪房双亲早亡，文帝之母薄太后下令追封窦漪房之父为安成侯、窦漪房之母为安成夫人，并在清河设立陵园供祭二人。

窦皇后有两个兄弟，兄长为窦长君，弟为窦广国。广国字少君，在四五岁时被人掳掠贩卖到外地，杳无音讯。他被人辗转贩卖了十几户人家，最后被卖到宜阳替人家进山挖石炭。

一天黄昏，山崖边有一百多人在睡觉，山崖突然垮塌，睡在崖边的人都被压在了崖底，只有少君脱险逃生。后来，他跟随主人到了长安。在那里，他听说新封的皇后姓窦，原籍在观津。窦广国离家的时候虽然年纪尚小，却记得自己的籍贯和姓氏，还隐约记得小时候

◀ （汉）T形帛画
出土于长沙马王堆一号汉墓，长205厘米，上宽92厘米，下宽47.7厘米，是葬仪中用以招魂、导引后随葬的旌幡。画面中所描绘的内容可分为天上、人间、地下三部分：天上部分绘有人首蛇身的蛟龙、金乌、蟾蜍、玉兔以及嫦娥奔月等神话传说；人间部分描绘的是墓主人在侍女陪同下飞升天国的过程；地下部分画着神话中的鳌鱼和异兽守卫死者灵魂的情景。

汉纪 上　　窦太后干政

(西汉) 金饼
西汉时的金饼是我国较早的一种贵金属货币形式，呈圆形，正面凸起，背面内凹，边缘高起，表面有冰裂纹，上有戳印的文字和符号。每块金饼的重量在250克左右，含金量约为97%。

与姐姐出外采桑叶从树上摔下来的情景。他把这些事详细地写下来后，托人转交给了窦皇后。窦皇后见到这些材料后，立即让广国进宫。窦皇后对广国仔细询问了一番，又让广国拿出其他证据来证明自己的身份。广国回忆道："姐姐离家前与我在驿站分别，姐姐向别人要来米汤水为我洗头，又让我吃了饭才走。"窦皇后听到这里，握着弟弟的手泣不成声，她的随从们也都泪流满面。随后，窦皇后重赏了自己的两个兄弟，把他们安置在京师居住。

后来，窦皇后又为两个兄弟请了有德行的长者，与他们同居一处，对他们加以教导。自此，窦长君、窦广国兄弟逐渐成了谦让有礼的君子，不因为地位显贵而盛气凌人。

溺爱幼子，干预立储

公元前157年，景帝刘启即位，窦皇后成了皇太后。

窦太后非常溺爱幼子刘武，觉得他谦虚礼让、孝义有加，又才略出众，日后定能保国安民，所以非常想让他登上皇位。

景帝即位后，并没有立即立太子。在母后的施压下，景帝在一次家宴上对刘武说："我千秋万岁后，把皇位传给你。"刘武口上辞谢，内心却很欢喜。窦太后听了也极为高兴。可是在座的太后堂侄窦婴却说："大汉江山一直是父子相传，陛下怎么可以传给兄弟呢？"窦太后听后大怒，立即下令将窦婴逐出窦氏家族。但是景帝准备传位于弟的想法也动摇了。

公元前153年，景帝立儿子刘荣为太子，封另一个儿子刘彻为胶东王。但三年后，景帝又把皇太子废了。窦太后看到此种情况，认为时机已到，便反复劝说景帝，日后让梁王刘武继位。

一天，窦太后举行宴会招待景帝和梁王。太后说，殷朝就是兄死弟继，待景帝百年之后，应该让梁王继承帝位。景帝无奈之下，只能允诺。

宴会后，景帝向大臣袁盎征求意见。袁盎说："太后想让梁王继位，我觉得这非常不妥。春秋时代，宋国国君曾将皇位传于弟弟，结果造成内乱，我们要引以为戒呀！"随后，袁盎找到窦太后，问道："若梁王百年之后，再立谁为帝？"太后说让景帝之子继位。袁盎说："如果那样做的话，梁王的儿子们一定不服，朝廷将会陷入混乱。太后听后无言以对。于是景帝立即立刘彻为太子。梁王也不敢再让太后为自己说话了，便返回了自己的封地。

后来梁王病死，窦太后悲伤到了极点，整天茶饭不思，只是痛哭，并说是景帝杀了她的儿子。景帝看到母亲这样，很是难过，便决定把梁国分为五国，分别赐给梁王的五个儿子，又重赏了他的五个女儿，窦太后这才作罢。

汉纪 上　　窦太后干政

▼（汉）"长生无极"瓦当砚
这方砚台的原料为汉宫旧瓦，当面四分书"长生无极"。将瓦当光面微制凹槽成砚池，自然成圆砚，随形而古朴。瓦当的陶质细腻，多年磨均后发墨亦佳。

女，后被召入宫，经历过众多事件后才登上皇后之位；论统治政策，她是中国最后一位真正拥护黄老思想的统治者，在她的推动下，景帝延续了高祖时期与民休息、无为而治的治国策略，从而为西汉王朝走向辉煌奠定了坚实的基础。

▼（西汉）长信宫灯
出土于西汉中山靖王刘胜妻窦绾墓，通体鎏金。宫女作跪姿执灯，灯盘、灯座及执灯宫女的右臂等处均可拆卸，灯盘中心有一钎可插蜡烛，灯罩与灯盘可转动开合，便于调节灯光亮度和角度。宫女右臂为烟道，烟经底层水盘过滤后，有烟无尘。

力尊黄老，排斥儒术

　　窦太后非常喜好黄老之学，对老子的书简直是爱不释手。

　　一天，窦太后召见儒生辕固生，问他对老子思想的认识。辕固生明知窦太后是想让自己吹捧老子，仍然说老子之言只是一些普通人的论调而已，惹得窦太后勃然大怒，说儒生不如猪狗，并下令将辕固生扔进野猪圈，让他杀死野猪，方可免去一死。

　　汉景帝明知辕固生言之有理，眼见窦太后生气，却又不敢劝阻，只好扔给辕固生一口上等利刃，期待他能有好运。辕固生持刀下栏斗野猪，结果一刀便刺中野猪心脏，那畜生应声而倒。窦太后看到野猪已死，默然说不出话，最后决定信守承诺免辕固生一死，但撤了他的官职。

　　因为窦太后尊崇黄老之学，所以景帝在执政的十六年间没有重用过一个儒生。

　　论地位，窦太后乃高祖儿媳、文帝之妻、景帝之母、汉武帝之祖母；论身世，她本是一介民

汉纪 上 ▶▶ 一代英主汉武帝

汉纪 上
一代英主汉武帝

公元前141年，刘彻即位，是为汉武帝，时年十六岁。他当政期间，在强化皇权和改革官制，以及发展经济和对外交往等方面都取得了显著的成绩，使大汉王朝由此迈向了强盛时代，西汉逐步发展成为当时世界上最强大的国家。而汉武帝也成为备受后世推崇的一代英主。

时来运转，入主东宫

汉武帝刘彻，幼名刘彘，是汉景帝的第十个儿子。刘彘自幼聪慧过人，灵活机敏。有一次，景帝将其抱在膝间，问道："你可愿做皇帝？"刘彘答道："孩儿能否做皇帝，主要取决于天。我希望日夜住在皇宫，侍奉父皇左右。"景帝听闻此言，非常吃惊，此后便经常关注他的言行举止。

刘彘记忆力超群，求知欲非常强，尤其关注书中所写的那些关于古代圣贤帝王的故事，故事中的情节，他可以做到过目不忘。景帝对此十分惊异，认为他非常聪颖，便将其名改为"彻"。

公元前153年，景帝宠妃栗姬之子刘荣被立为皇太子，后世称其为"栗太子"，刘彻则被赐封为胶东王。不久，在景帝姐姐长公主的影响下，刘彻的命运发生了重大变化。长公主本希望太子刘荣能够迎娶其女陈阿娇，太子之母栗姬却拒绝了。长公主心生怨恨，总想借机报复栗姬。相较于直率的栗姬，刘彻之母王姬则显得灵敏世故，当长公主欲将其女许配给刘彻时，王姬马上就允诺了此事。

从此以后，长公主便常在景帝面前为刘彻说好话。时间一长，景帝便喜欢刘彻胜过刘荣。同时，长公主还经常在景帝面前说栗姬的坏话。景帝信以为真，不久便将刘荣的太子之位废了，将其改封为临江王。随后，刘彻之母王姬登上皇后之位，而刘彻则被立为皇太子，时年七岁。

被立为太子后，刘彻愈加用功。景帝任命才学出众的卫绾担任太傅，教育刘彻。刘彻先后学习过骑马、射箭、经学、文学等技艺或知识。

登上皇位，改革受阻

公元前141年，十六岁的刘彻正式继承了皇位。他雄心勃勃地想将文景之治的盛世继续下去，却遇到了巨大的阻力。这阻力主要来自于当时的太皇太后窦氏，即武帝祖父汉文帝的皇后。

武帝执政后，窦氏诸侯王无视朝廷法纪，肆意妄为。武帝决定强化皇权，以压制地方诸侯势力。武帝推崇儒术，而窦氏尊崇黄老之学，两人因此产生了严重的思想分歧。

窦太后常干预朝政，武帝也不便违忤，所有朝政大事随时向她请示。当时，御史大夫赵绾和郎中令王臧准备迎接鲁地德高望重的大儒申公来朝，

▶ 汉武帝刘彻像
汉武帝刘彻在位五十多年，他的雄才大略、文治武功使汉朝成为当时世界上最强大的国家。

汉纪 上　　一代英主汉武帝

▲（西汉）玉辟邪
传说中的这种神兽性情凶猛，可驱恶辟邪，常置于灵庙和陵墓上，多为石雕，形体巨大。图中这件玉辟邪，玉质青中带绿，有条纹。神兽昂首张口，两耳竖立，前胸处有双翼，十分威武。

▲（西汉）滇王之印
金印高2厘米，边长2.4厘米，上有蟠蛇纽，印文为篆书"滇王之印"。据《史记·西南夷列传》记载，武帝元封二年（前109）汉武帝赐滇王印，受赐者可能是被封为滇王的尝羌，他是现存史籍中唯一有名可查的滇王。

并建议仿效古制，设立明堂辟雍，改历易服，行巡狩、封禅等礼仪，还建议汉武帝日后政事不必经常请示太皇太后。窦氏知道此事后大怒，马上令武帝下诏罢免赵绾和王臧。

窦太后在世期间，武帝未曾重用过儒生，可见窦太后政治势力之大。窦氏死后，武帝才开始采用儒家思想治理国家，强化皇权，制衡地方诸侯。

统一思想，加强集权

汉武帝即位之初，朝廷局势稳定，社会经济发展顺利，但是诸侯国依然是朝廷极大的威胁。为此，汉武帝在沿用景帝的治国措施的同时，又采取了许多强化皇权的重大举措。

首先，在思想上，武帝采用了董仲舒"罢黜百家，尊崇儒术"的建议，把儒家学说作为封建正统思想，从此确定了儒学在中国社会的地位，这对后世中国文化、政治等方面的影响极为深远。

其次，在政治上，武帝采取措施减少诸侯王的封地，颁布了"推恩令"，令诸侯将自己的封地分给自己的子弟，这样名义上是施恩惠，实际上是将诸侯国越分越小，削弱诸侯王的势力。推恩令下达后，诸侯王的支庶多得以受封为列侯，不少王国先后分为若干侯国，其后各侯国辖地仅有数县，对中央再也构不成威胁。

以上措施的施行，使朝政大权集中在了汉武帝的手中，这对汉武帝统治后期的社会安定具有非常重要的作用。

>> 汉纪 上　　>> 一代英主汉武帝

晚年悔过，轮台罪己

　　汉武帝虽然政绩显著，但他也犯过很多错误。汉武帝建造了许多宫殿和苑囿，而且经常对外国的使者和商人摆大国的架子，任意赏钱。另外，汉武帝和秦始皇一样也喜欢巡游。公元前110年，汉武帝出长安，到北面阅军，再南下抵嵩山，接着向东行游海岸，最后到达泰山，举行封禅大典，随后又沿海岸北上碣石，接着向西到九原，最后转道返回长安。这次巡游的里程和耗费都远远超过了秦始皇。武帝即位之初，受文帝和景帝的余惠，国家可以说是国富民强，但在武帝后期，国库已经快要空了。

　　武帝和秦始皇一样，也想长生不老。公元前113年，一个叫栾大的道人到了长安，谎称自己经常在海上来往，见到过仙人，也找到了可以让人长生不老的药。听闻此事，一直想长生不老的汉武帝竟然封他为将军。同时，武帝还给此人刻了一枚用玉做的印章，按照当时的规定，只有皇帝的印才能用玉做。武帝给栾大玉印，可见他对栾大的重视和对长生不老的痴迷。公元前112年，栾大的骗局被揭穿，武帝怒斩了栾大。不过，武帝并没有以此为鉴，而是仍不断地派人到海上寻访仙人，求取仙丹。

　　武帝晚年逐渐醒悟过来，知道生老病死是自然规律，任何人都不可能长生不死。他对自己所犯的过错感到十分惭愧。为此，他颁布《轮台罪己诏》，在文武大臣面前公开承认自己犯过的错误，真诚地表示悔恨，而且承诺自此以后凡是不利于百姓之举以及浪费人才之事全部废止。同时，他还下令将那些装神弄鬼骗取官爵俸禄的道士全部撤职。此后，汉武帝开始关心农业生产，推行富民之策。经过两年的治理，社会政治和经济都有了较为显著的发展，汉朝再次恢复了元气。

　　公元前87年，汉武帝病逝，终年七十岁。

▲（西汉）玉剑首
剑首是古代宝剑剑柄顶端镶嵌的一种装饰物，今所见剑首多为玉制。此器正面平齐，饰纹分内外两层。内层的四头卷云纹均匀分布，皆阴琢而成；外层是细密的乳丁纹，造型规整。

汉纪 上　马邑之谋

汉纪 上
马邑之谋

汉初，百废待兴，国势衰弱，因此文、景二帝均以"休养生息"之策治国，对匈奴则以和亲之策处理。但是，到武帝执政时，经济发展，国力强盛，因此武帝一心要改变对匈奴的和亲政策。公元前133年，武帝命令王恢、韩安国等率军埋伏在马邑，准备伏击匈奴军，然而他们最后却无功而返。尽管马邑之谋没有成功，但此举表明，汉朝和匈奴之战的大幕已然拉开。

商讨计策，引诱匈奴

刘邦在白登脱围后，汉朝便开始以和亲政策对付匈奴。汉朝统治者和匈奴单于互称兄弟，汉朝不仅要将皇室之女嫁给单于，每年还要送给匈奴众多的衣食财物，从而求得两国相安无事。

汉武帝登基后，一方面继续沿用和亲政策，另一方面则积极备战，准备反击匈奴。

公元前133年，汉武帝召集群臣说："朕不仅将义女嫁给单于，而且还送给他不计其数的衣食财物。匈奴单于将礼物全部收下，但态度却傲慢无比，走前还在边境侵扰了一番。看到边境常常被侵扰，朕深感痛心。现在，朕欲发兵反击，大家有何看法？"

闻听此言，除了大臣王恢支持出兵外，其他人都反对出兵。王恢说："战国时的代国，北面有匈奴虎视眈眈，南面有赵国窥视侵扰。但就是如此小国，仍然能够发兵保护百姓，远拒匈奴。现如今，我大汉国富民强，匈奴却敢几次三番侵略我边境，原因就在于我方太过软弱，我们应该对匈奴强硬一些了。因此，我同意发兵反击匈奴。"

王恢说完后，大臣韩安国说："白登之围中，高祖曾七天吃不上饱饭。待脱围后，高祖也没有再次发兵攻击匈奴，这是从实际情况出发制定的策略。为了维护现在和平的发展环境，使天下安定，我认为绝不可出兵。"

随后，王恢展开反击。于是，他们二人在朝堂上互相争辩起来。

最终，汉武帝决定发兵攻击匈奴，令韩安国、公孙贺和李息率领三十万大军埋伏在马邑的山谷中，令王恢和李广率军从后面攻击匈奴军。

叛贼泄密，单于退兵

布置完毕后，为了引诱匈奴进入埋伏圈，汉军派遣商人聂壹前去匈奴地盘。聂壹在那里反复

▶（西汉）黄釉浮雕陶樽
汉代匈奴墓出土的陪葬品，高22厘米，口径18.3厘米，樽体遍布各式浮雕，浮雕内容涉及神话故事、瑞兽飞禽、重兵武士和乐舞游戏等。

汉纪 上　　马邑之谋

吹嘘自己有"奇货",别人问他是什么奇货,他便故作高深状笑而不答。时间一长,此事被匈奴单于知晓。于是,他找到聂壹,问他出卖什么奇货,他便说要将马邑"卖"给匈奴。

聂壹对单于说:"我在城里有几百个同伴,只要你派人混进马邑城,斩杀当地的官员,就可拿下此城。到那时,全城的金银财宝就都是你的了。不过,你必须率领大军前来接应,以防汉军来援。"

单于本是贪婪之人,闻听此言自是高兴。随后,他马上派人和聂壹进入马邑城,斩杀了当地的官员,然后率军去接应聂壹。

其实,聂壹回到马邑城后,悄悄和当地官员商量,斩杀了几名死刑犯,并命人割下死刑犯的头颅挂于城上,以欺骗匈奴使者。匈奴单于率领十万大军进入武州塞,去接应聂壹。大军行到距马邑还有一百多里的地方,发现路上牛羊成群,却没有人放养,顿时怀疑起来。

这时,单于看到不远处有个烽火台,便率军攻击。碰巧西汉雁门尉史经过此地,尉史看到匈奴大军来了,便躲藏起来,结果被匈奴军俘虏了。尉史了解马邑计划,在审问中说了出来。

单于听后恍然大悟,吃惊道:"我此前就有些怀疑,如今看来我的怀疑是对的。"于是,单于把雁门尉史封为天王,接着带领大军返回了原地。

根据原计划,汉军在马邑伏击匈奴军后,王恢便要率三万大军前去劫取匈奴的粮草。可是单于撤兵了,王恢认为匈奴大军并没有任何损失,如果自己率领三万大军和匈奴的十万大军作战,肯定无法取胜。于是,他驻守原地,并未率军追击匈奴军。

汉武帝得知后雷霆大怒,准备斩杀王恢。王恢以重金贿赂丞相田蚡,让他为自己说情。田蚡也不敢直接劝说武帝,就跟皇太后说:"虽然马邑伏击战落空了,但是假如斩杀王恢,那就相当于为匈奴报仇。"

皇太后将此话转告给武帝,武帝说:"此次计划本是王恢所提,如今他劳师远征却无所获,不斩王恢,如何向大臣们交代?"王恢听说此言,情知此次必死无疑,便自尽了。

马邑之谋本十分周密,没想到最终却败在一个小细节上,致使汉朝反击匈奴的计划落空。不过,虽然马邑之谋失败了,但此次事件却标志着汉朝自汉初以来实行的委曲求全的和亲政策彻底结束,同时也拉开了汉朝反击匈奴的帷幕。

▼(西汉)青铜卧羊灯
出土于河北满城中山靖王刘胜墓,通高18.6厘米,长23厘米,灯盘长15.6厘米。此灯作卧羊式,羊昂首,双角向前卷曲,身躯浑圆,短尾。灯盘呈椭圆形,一端有一流,便于安置灯捻。羊尊腹腔中空,可储存灯油。

汉纪 上　　飞将军李广

飞将军李广

汉朝不再对匈奴实行和亲政策后，与匈奴之间的战事越来越频繁。这些战争有长距离袭击，有计划周详的遭遇战，有以少对多的破釜沉舟战，都非常艰苦、残酷。通过与匈奴的战争，西汉既宣扬了国威，又开辟了疆域。在抗击匈奴的战争中，涌现出了无数杰出的将领，如飞将军李广。李广超群的军事才干和应变能力让他成为一名受部下爱戴、使敌军胆寒的沙场名将。

将门世家，技艺高超

李广，陇西成纪人，其先祖李信在秦国为将，曾率军击败了燕太子丹。

公元前166年，匈奴大军侵犯汉境，此时李广

▼李广墓
李广一生戍守边关，威震匈奴，但却始终未被封侯，"冯唐易老，李广难封"中"李广难封"的典故即是指此事。

已经从军，在抗击匈奴军时立下了一些功劳。李广曾随文帝出行，文帝十分欣赏他。

汉景帝即位后，李广被任命为陇西都尉。

七国之乱时，担任骁骑都尉的李广随周亚夫出兵平叛，在昌邑城下勇夺叛军军旗，立了大功。平定叛乱后，李广被调往西北边境，担任太守之职。

公元前144年，匈奴军一路南下，直取上郡。汉景帝派了自己的宦官跟随李广出征，学习作战之法。一天，这个宦官带领数十名骑兵追击三个匈奴兵。三个匈奴兵搭弓回射，宦官中箭败逃，其他人则全部被射死。宦官回来后，将事情的经过告诉了李广。李广说："他们是射雕的高手。"然后马上率人追赶。

匈奴射手没有马，走了几十里快要到达匈奴大营时被李广追上了。李广搭弓射向三个匈奴兵，结果其中两个匈奴兵中箭而亡，另外一个被俘虏。审问得知，他们果真是匈奴的射雕高手。李广命人将俘虏捆绑起来，横搭在马上，正要返身回营时，发现远处有几千名匈奴骑兵。

匈奴军发现李广一行只有一百人左右，认为这肯定是汉军引诱他们出兵的疑兵，因此马上占领了山头，摆阵迎敌。李广的部下非常害怕，准备纵马而逃，

▶ 汉纪 上　　▶ 飞将军李广

▲（西汉）匈奴带链双鹿纹铜牌
链长15.5厘米，双鹿作交配状，是体现当时生育崇拜的器物。生育崇拜是早期社会的普遍现象，目的是祈求人口繁衍，氏族兴旺。

但被李广阻止了。

李广说："我们距离军营有数十里，如果现在调转马头逃跑，匈奴军很快便会追上，到时我们都必死无疑；如果我们停留在此，匈奴军就会以为我们是诱敌的，反而不敢放马过来攻击我们。"接着，李广命令部下继续前进，一直走到距离匈奴军只有两里的地方才停下来。

随后，李广下令所有人都下马卸鞍。匈奴军看到这种情景，愈发相信李广是前来引诱他们的。这时，匈奴军中的一名将领走出阵来巡视军营，李广和十几个部下猛然上马飞奔过去，以迅雷不及掩耳之势将他射死，然后回到驻地，下马卸鞍，各自卧地休息。

看到此举，匈奴军更加不敢轻举妄动了。就这样，双方一直对峙到半夜，匈奴军最终还是因担心中汉军的埋伏而撤兵回营了。

死里逃生，威震匈奴

公元前141年，汉武帝登上皇位，随后晋升李广为未央宫卫尉。公元前129年，李广率领大军走到雁门关时，被数倍于己的匈奴军围困。匈奴单于早就听说过李广之名，便下令活捉李广。经过一番激战，李广军因兵力悬殊战败，李广也因伤被擒。

在押送的路上，李广寻机飞身夺马，射死众多匈奴士兵，成功返回汉营。自此以后，匈奴军便称其为"汉之飞将军"。但汉武帝却因此事罢免了李广的官职，将其贬为平民。

过了几年，匈奴军杀害了辽西太守，打败了韩安国所率汉军。于是，武帝再次召李广入朝，任命他为右北平太守。匈奴军听说"飞将军"率军前来，立即就撤兵回去了，此后几年也未敢侵扰此地。

李广不但威名远扬，而且箭术超群，百发百中。一次，李广在黑夜里误认为草里的大石头是一只老虎，便搭弓射去。等天明后他走到近前察看，看到自己夜里射中的竟然是一块大石头，那支箭深深地射入了石头中。随行的士兵们看到后都惊叹不已。

英勇善战，军功难立

公元前121年，时任郎中令的李广和博望侯张骞共同出征，李广率领四千骑兵从右北平出发，张骞则率领一万骑兵从另一处出发。李广军走了几百里时，被匈奴左贤王所率领的四万骑兵包围。将士们都很恐惧，李广为了振奋士气，便派其子李敢骑马向匈奴军中冲去。李敢仅率数十名骑兵飞奔至匈奴的骑兵阵，然后从匈奴军的左右两翼杀出。回

少年读全景
资治通鉴故事 2

▶▶ 汉纪 上　　▶▶ 飞将军李广

来后，他对父亲说："匈奴兵不难对付！"将士们这才安下心来。随后李广将军队布局成圆形兵阵，将弓箭对准匈奴兵。匈奴军反复攻打汉军，一时间箭如雨下。经过激烈的战斗，汉军损失惨重，箭也快要射完了。

这时，李广让士兵拉满弓，摆好架势，但不准放箭，他则亲自用大弓射杀了几名匈奴军的副将。看到李广如此神勇，匈奴军逐渐分散开去。当时已近傍晚，西汉将士们都困乏不已，人人战战兢兢，只有李广一脸平静，仍然在设法整顿部队。看到这些，将士们都十分敬佩他。

次日一早，汉朝援军赶来，李广大军终得以突出重围。

不甘受辱，悲壮自刎

公元前119年，大将军卫青率军攻击匈奴。当时，李广年纪已经很大了，但他仍然跟随卫青一同出战。他对卫青说："自从军起，我便开始抗击匈奴，此次请让我和匈奴单于一决雌雄。我甘当先锋，直取单于首级。"但是，武帝觉得李广年老体衰，不适合做先锋官，拒绝了李广的请求。随后，卫青让其从侧翼出击。

李广在进军的路上，军队的向导意外失踪，汉军因此迷失了方向。当他们到达时，已然迟到了好长时间。卫青所率的汉军也没有大的收获。汉军和匈奴军交战数次后，匈奴单于看到情况不妙，便率军远遁了。

事后，卫青派人询问李广延误时间的原因，并将匈奴得以逃遁的责任推给李广和他的部下。李广对来人说："此事责任在我，与我的部下没有丝毫关系。"随后，李广对部下道："我自少年起，就参加了抗击匈奴的战争，到现在为止，已经历过大小七十多次战斗。这次随卫将军出征，却使大军迷路，此乃天意。我已经老了，再无脸面对朝中官员，也无法忍受那种羞辱。"说完便自杀了。李广自杀后，将士们痛哭流涕。他的死讯传开后，百姓们也都泪流不止。

李广勇武过人，技艺出众，但因生不逢时，未能立下盖世奇功，实在可惜！不过，李广虽然是一位杰出的军事将领，但他只适合为将，不适合为帅。只看单兵作战能力，李广可以说是勇猛无敌；如果看统率军队的能力，他缺乏宏观统筹的全局思想。因此可以说，李广是一位优秀的先锋官，但并不是优秀的统帅。

▶李广射石
李广以骁勇善射、智谋超群著称，李广射石的典故也成为千古美谈。唐代边塞诗人卢纶有《塞下曲》描写当时情景："林暗草惊风，将军夜引弓。平明寻白羽，没在石棱中。"

汉纪 上　　大将军卫青

汉纪 上
大将军卫青

卫青，西汉名将，官至大司马大将军，封长平侯。历朝历代有无数的王侯将相留名青史，卫青是其中最耀眼的一位。虽然他家境贫寒，出身低微，但这丝毫不影响他在抗击匈奴的战争中立下赫赫战功，他为大汉王朝安边定疆做出了杰出的贡献。

出身卑贱，因祸得福

卫青，河东平阳人，出身于贫寒之家，其母卫媪是平阳侯家的婢女。卫媪嫁人后生了长子长君、长女君孺、次女少儿、三女子夫。后来，卫媪的丈夫去世，卫媪依然在平阳侯家做仆人。不久，她与同在平阳侯家中做事的县吏郑季私通，生下了卫青。

后来，卫媪无力继续抚养卫青，便将他送到了生父郑季的家里。郑季之妻非常轻视卫青，经常让他上山放羊，郑季的其他儿子也从未将卫青看为兄弟，经常肆意欺辱他。

一天，卫青与同伴来到甘泉宫。有个囚犯看到他后，对他说："虽然你现在非常贫寒，但是将来你一定会成为贵族，甚至会封侯拜将。"卫青笑道："我如今是人家的奴仆，只要少遭打骂，便觉得幸运至极，哪敢想封侯拜将呢？"卫青成年后在平阳公主家做骑奴。

公元前139年，卫青的三姐卫子夫进入后宫，深受武帝宠爱。陈皇后看到卫子夫受宠，非常嫉妒，但又不敢对卫子夫下手，于是便经常借故责骂卫青。有一天，皇后之母馆陶公主派人趁卫青不备将其抓住，准备杀害他。还好闻讯赶来的公孙敖率领众人将卫青救了出来。武帝知道此事后雷霆大怒，立即任命卫青为建章监，并多次奖赏卫青。

不久，卫子夫被封为夫人，卫氏一族得以加官晋爵，卫青被提拔为侍中。就这样，本来为奴的卫青，转眼间便成了皇亲国戚。卫青擅长骑马，精于射箭，因此经常陪同武帝外出打猎，武帝十分信任他。

晋升为将，屡立战功

公元前129年，卫青被封为车骑将军，率军由上谷郡攻击匈奴，骑将军公孙敖从代郡出兵，轻车将军公孙贺从云中出兵，骁骑将军李广从雁门出兵。四路将领各率一万骑兵。

卫青首次出征便直捣龙城，将匈奴数百人斩首，取得胜利。公孙敖大军死伤惨重；李广则被匈奴生擒，此后趁机逃回。依据汉律，公孙敖和李广应被处死，但在缴纳赎金后，他们都被贬为了平民。公孙贺虽然没有损伤，但也未立下战功。此战，汉朝四路大军中两路失败，一路无功而返，只

▲（汉）军司马印
此印为方形，桥形纽，上刻阴文篆书"军司马印"四字。

少年读全景 资治通鉴故事 2

▶▶ 汉纪 上　　▶▶ 大将军卫青

有卫青大军大败匈奴，杀敌数百，卫青因此被封为关内侯。

公元前127年，匈奴军大举入侵边境，杀害辽西太守，击败渔阳太守，掳走渔阳数千人。汉武帝派兵反击。李息率军由代郡出兵，卫青率军由云中郡出兵，反击匈奴军，收复贺兰山以东、狼山和大青山以南的河套地区。

卫青部所向披靡，一路攻到高阙，收复河南地，在陇西又消灭数千匈奴军，俘获数十万头牲畜，赶走了匈奴白羊王和楼烦王。卫青回朝后被加封为长平侯。随后，汉廷将河南地区设为朔方郡。

匈奴右贤王为此怀恨在心，多次率军侵犯汉境，所到之处，烧杀掳掠，无所不为。公元前124年春，汉武帝命车骑将军卫青统率几位将军，带领十多万大军，由朔方出兵反击匈奴。这一次，卫青决定采取夜袭之策。他令军队昼夜兼程，兵不卸甲，突袭匈奴右贤王大军。

匈奴右贤王以为汉军离此较远，很难快速赶来，正

◀ （西汉）匈奴四驴纹铜牌
长4.7厘米，宽2.5厘米，四驴作蹲踞回首状，姿势相同，上下各两个。据《汉书·匈奴传》记载，驴是匈奴的奇畜之一，当时尚未传入中原。

▶ 汉纪 上　　▶▶ 大将军卫青

在帐中拥着美姬饮酒作乐，突然听到帐外杀声一片，顿时大吃一惊，急忙将美姬抱上马，带领数百骑兵向北突围而去。轻骑校尉郭成向北追赶了几百里，没有追上。但汉军俘获匈奴将领十多人、男女民众一万五千多人、牲畜数百万头。此战汉军大胜而还。

汉军回到边关时，汉武帝派遣的使者已经捧着印信等待汉军凯旋。随后，使者在军中传武帝诏令，拜卫青为大将军，所有将领全部由他统领，卫青的三个儿子也被武帝封侯。卫青回京后向武帝推辞道："此战皆赖陛下护佑，我军才大败匈奴，这也是将士们奋勇杀敌的结果。陛下已经赐我食邑，至于我的儿子，他们年龄太小，没有立下任何战功，陛下却为其分地封侯，这样做无法鼓励将士们奋勇杀敌，所以他们三人不应该接受封赏。"

卫青将战功归于汉武帝和众将士，在汉武帝和众将士的心中树立了谦虚克己的良好形象，这也是卫青能够成为一代名将的重要因素之一。后来，汉武帝又封赏了卫青的部下们。

决战匈奴，官至司马

公元前119年，汉武帝决定再次攻打匈奴，以彻底灭掉匈奴。随后，他挑选了十万匹精壮的战马，命大将军卫青、骠骑将军霍去病各率精锐骑兵五万，分两路远征漠北。卫青率领大军在漠北行军千里，穿过大片沙漠，最后找到了匈奴单于的大军。匈奴兵已经摆好阵势，严阵以待。

卫青命令部队用战车迅速环绕成一个坚固的阵地，然后将精锐骑兵埋伏在阵中，随后派五千骑兵向敌阵冲击。匈奴单于以为汉军阵地里只有老弱残兵和粮草，便出动一万多骑兵扑过去。双方展开激战。黄昏时分，在外围作战的将士们疲惫不堪，卫青乘机推开战车，将阵中的两支生力军放出，从左右两翼迂回到单于背后。单于发现中计，慌忙下令撤兵，向西北逃去。卫青率领人马一路狂追，最后竟然追到了寘颜山赵信城。卫青下令将匈奴储存在赵信城中的所有军粮尽数烧毁，同时还捕杀了近两万名匈奴士兵，使匈奴大军遭到重创。

此战后，匈奴的实力大为减弱。这是汉朝自抗击匈奴以来取得的最大的一次胜利。随后，汉军凯旋，武帝加封有功将士，提拔卫青为大司马，让其掌管全国的军队。

在汉朝反击匈奴的战争中，卫青功劳卓著。作为中国历史上知名的军事家，他从未以功臣自居。相反，他宽以待人，爱护将士，因此受到众将士拥戴，也为后人所仰慕。

▼（汉）转射
转射是古代的一种守御工具，一般安装在"坞上"（即墙上有孔的矮墙之上）。此转射由木材制成，中心有圆轴，上开一斜孔，可架设弩臂或弓矢，士兵可通过斜孔向坞下瞄准放箭或观察敌情。

汉纪 上　　霍去病为国忘家

作为反击匈奴的汉朝名将，霍去病名震华夏。霍去病刚过弱冠之年便因功封侯。在战斗中，他灵活用兵，注重作战策略，不拘泥于古法；作战时，霍去病英勇果敢，所向披靡，因此武帝十分欣赏他。霍去病在短暂的一生中，曾四次率军反击匈奴，共计杀敌十一万之多。可惜天妒英才，霍去病二十四岁时便离开了人世。他的人生虽然短暂，但他为汉朝立下的安边开疆之功却万世不朽。

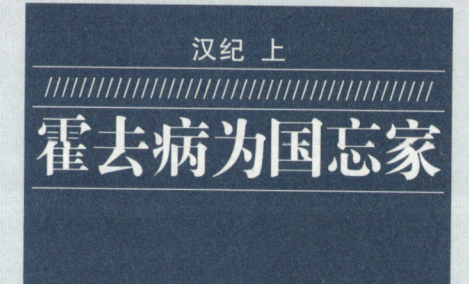

少年英武，大战匈奴

霍去病，河东平阳人，其母是平阳公主府的女奴卫少儿（卫子夫的二姐），其父叫霍仲孺。但霍仲孺不敢承认自己跟公主的女奴私通，于是霍去病生下来便背上了私生子的身份。一个私生子，母亲又是女奴，霍去病本应该永无出头之日，但是，奇迹后来降临到了他的身上。

卫子夫受到汉武帝宠爱后，卫氏家族也一起发达起来。卫子夫的大姐卫君孺改嫁太仆公孙贺，二姐卫少儿改嫁詹事陈掌，弟弟卫青则做了太中大夫。霍去病的命运也改变了。他长大成人后，武艺出众，精于骑射。

有一年，武帝让卫青选拔武士，霍去病由于勇猛强悍，勇冠三军，所以被提升为票姚校尉。霍去病寡言少语，为人深沉。汉武帝曾劝说他学习孙吴兵法，他却答道："作为将领，应该随机应变，不必拘泥于古法。"

公元前124年，霍去病随同卫青抗击匈奴。在这次战斗中，虽然大将苏建惨败，赵信降敌，但汉军却取得了巨大的胜利。特别是霍去病首战告捷，立下了显赫战功。此战，他仅率八百骑兵，远离汉军大营，深入匈奴腹地，驰骋于沙漠和草原之间，奔袭数百里，抓住战机，斩杀匈奴两千余人，并斩杀了匈奴单于的祖父，俘虏了单于的叔父。汉武帝非常欣赏他，在他回朝后封其为冠军侯。

汉武帝为了奖赏其战功，特意为他建了一座华丽的住宅，但他却说："匈奴未灭，无以家为也。"

公元前121年春，汉武帝封霍去病为骠骑将军，官级与大将军一样。随后，霍去病率领骑兵从陇西出发，攻击匈奴。汉军所向披靡，一路破敌，彻底将汉朝此前弱于匈奴的颓势一扫而光。

此战中，霍去病接连攻破河西的五个部落，然后避开浑邪、休屠二王的部队，顺着焉支山向东飞奔一千多里到达皋兰山，与卢侯、折兰二王在皋兰山下展开激战，并取得了巨大胜利。

▲（汉）鸠杖首

汉代规定，老人到了七十岁可以得到鸠杖，并享受一定特权。用鸠鸟作为杖的装饰，是希望老人多福长寿。这件器物整体由鸠与杖组成，鸠用松木雕刻而成，并用白、黑二色装饰，杖用杉木刮制而成，素面无纹。

汉纪 上　　▶▶ 霍去病为国忘家

用兵灵活，功盖当代

▲汉军大败匈奴

霍去病领兵作战时，会依据实际情况随机应变，不拘泥于古法。他经常不按常理出战，每一次都将匈奴军打得迷迷糊糊，不知南北。对于他出其不意的作战方式，匈奴人非常头疼，完全处于被动状态。

公元前121年夏，霍去病再次率军反击匈奴。他采取兵合一处直捣敌穴、分兵追击的战术，派轻骑直攻祁连山，到达月氏国边境，斩杀数万匈奴士兵，同时还俘虏了两千余人。此战中，霍去病大军杀死、俘虏多名匈奴的王爷、王子、王妃、将军等人。回朝后，霍去病的部将赵破奴、高不识等人也因功封侯拜爵。这之后，霍去病的名声已经可

少年读全景 资治通鉴故事 2

汉纪 上　　霍去病为国忘家

与卫青比肩了。

匈奴单于准备以战败为由，将浑邪和休屠二王问罪处斩，于是二王率军投降汉朝。汉武帝担心有诈，特意让霍去病率大军前去受降。霍去病在路上时，休屠王反悔了，浑邪王派人刺杀了休屠王，并收编了其军队。霍去病听说此事后立即率军强渡黄河，命令汉军逐步进逼匈奴军。这时，浑邪王手下那些不愿降汉的人调转马头逃跑，匈奴阵营混乱不已。霍去病果断带兵上前，闯入浑邪王军中生擒浑邪王，从而稳住了匈奴军心。经过一番谈判，霍去病令浑邪王将所有作乱将士斩杀，随后接受了浑邪王的投降。

此后，朝廷将投降的匈奴将士安置在了陇西附近，又沿祁连山到盐泽建筑边防城寨，在休屠王、浑邪王的原驻地分设武威、张掖两郡，它们和酒泉、敦煌总称为河西四郡。此举既孤立了匈奴，又开辟了通往西域的道路。

追敌千里，封狼居胥

公元前119年春，汉武帝让卫青和霍去病分别率领五万骑兵深入漠北，伺机歼灭匈奴主力。

霍去病率军北进两千多里，翻越离侯山，渡过弓闾河，最后找到匈奴左贤王大军，经过激战，斩敌七万余人，并俘虏匈奴屯头王、韩王等三人及将军、相国、当户、都尉多人。随后，霍去病乘胜追击匈奴到狼居胥山，在狼居胥山举行了祭天封礼，在姑衍山举行了祭地禅礼。此次汉军一直攻到瀚海。

此战后，"匈奴远遁，漠南无王庭"。霍去病"封狼居胥"的盖世战功，令他成为中国历代军事家奋斗的榜样。这一年，霍去病只有二十二岁。当然，年少得志的霍去病并非完人，他曾经将李广之子李敢射死，也曾经虐待部下。但是，无论他多么严厉，他依旧是人们心中的战神，士兵们都渴望成为他的部下，随他驰骋沙场，报效国家。

霍去病在短暂的一生中，曾四次率军攻击匈奴，每次都是大捷而归。他共计消灭敌军十一万，接受降敌四万，而且还为汉朝开辟了疆域，其战功甚至超过他的舅舅卫青。无论在中国军事史上，还是在世界军事史上，霍去病都是一个名垂青史的军事奇才。

公元前117年，霍去病病逝于长安，时年二十四岁。汉武帝为他举行了隆重的葬礼，穿玄黑铁甲的官兵列队将他的灵柩护送到其墓穴茂陵东，葬于外形仿祁连山状的高大的墓中，墓前还有汉武帝为表彰其战功而立的十四件大型圆雕石刻。

霍去病可以说是汉武帝亲手培养起来的骁勇战将。汉武帝对霍去病的宠爱和信任，朝中无人可比。汉武帝曾为霍去病建造豪华的宅第，霍去病却说"匈奴未灭，无以家为也"。可以说，正是这种为国忘家的崇高品质，才使他立下了他人不可企及的赫赫战功。

◀（汉）铜棍棒头
铜棍棒头流行于北方地区狩猎民族中，在当时是一种装柄使用的砸击工具，有时也会用作权杖的杖首。

汉纪 上　张骞通西域

张骞通西域

汉武帝登基之初，从归降的匈奴人口中得知，在敦煌、祁连山地区有一个游牧民族建立的国家——大月氏，古书上称其为"禺氏"。秦汉之际，大月氏发展壮大后，经常侵略乌孙国，攻击匈奴军。西汉初年，大月氏军队屡次败于匈奴，士气低迷。鉴于此，汉武帝决定派张骞出使大月氏，说服其联合汉军反击匈奴。

肩负使命，出使月氏

张骞，汉中郡城固人，性格刚毅、忠信，具有冒险精神。

汉武帝即位初期，有些匈奴人归顺了汉朝。后来，汉武帝从这些匈奴人口中得知，西域有一个月氏国，曾经被匈奴击败。这个国家十分仇恨匈奴，总想报复，但没有人助其一臂之力。汉武帝考虑到，月氏国位于匈奴之西，如果汉军联合月氏军，将匈奴和西域各国的联系切断，那就相当于切掉了匈奴的后路。鉴于此，汉武帝决定派张骞前往大月氏。

公元前139年，张骞在堂邑氏奴甘父的带领下，率领百余人从陇西踏上前往大月氏的征程。他们艰难地向目的地迈进，在路上被匈奴人擒获，被押解到匈奴。匈奴单于为了拉拢张骞，为其娶妻，就这样，张骞被扣留在匈奴达十年之久。但这没有改变张骞继续出使西域的决心，他准备带着自己的旌节伺机出逃。

公元前129年，张骞带领随从逃出了匈奴。他们一路跋涉，从车师国进入焉耆，接着沿塔里木河向西而行，穿越龟兹国、疏勒国等小国，跨过葱岭，最后来到大宛，此地距离他们出发之地远达一万多里。大宛国王对汉朝使节的到来感到十分欣喜，还派人做向导，将张骞一行送到了月氏国。然而，此时月氏国的情况已经发生了重大改变。月氏人迁到此地后，击败了邻国大夏，最后决定定居在此，再也不愿意和匈奴征战了。另外，月氏人还觉得汉朝远离本国，无法与自己合军共击匈奴。所以张骞此行没有达到预期目的。

公元前128年，张骞开始返国，这时，他已经收集了很多西域各国的资料，比如大宛、大夏、康居等国的情况。为了避开匈奴军，张骞绕道葱岭，沿昆仑山向北前进，经过于阗，但不久又被匈奴所俘，被扣留在匈奴一年多。

公元前126年，匈奴单于去世，张骞趁机带领其匈奴妻子和堂邑父逃出

◀（汉）波斯银币
丝绸之路开通后，中国同中亚、西亚之间贸易往来频繁，各国货币大量流入中国。此为陕西西安出土的波斯银币。

汉纪 上　　张骞通西域

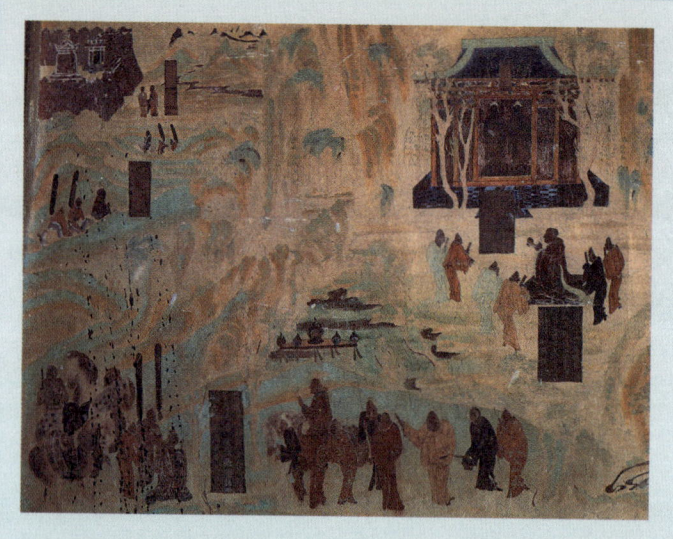

▲敦煌壁画《张骞出使西域图》
这幅壁画出自敦煌莫高窟第三百二十三窟的石壁上，画中骑在马上的人就是张骞。

匈奴，最后安然返回汉朝。当初张骞出使月氏时有百余人，如今只有两人返回。随后，汉武帝封张骞为太中大夫，封堂邑父为奉使君。

不畏艰辛，开通丝路

回到京城不久，张骞便向武帝提议联系身毒，武帝应允了。

于是张骞派出四路人马，从四川的成都和宜宾出发，分别向青海南部、西藏东部和云南境内进发。他们的目的地都是身毒。四路人马各自走了几千里，最后在氐、筰和嶲、昆明等地受到阻碍，无法前行，先后返回。张骞主持的这次由西南开辟新路线的活动，虽未达到预期目的，但对开发西南还是有益处的。

公元前124年，张骞以校尉的身份跟随卫青征讨匈奴。他熟悉匈奴地形，具有丰富的沙漠行军经验，因此引导汉军在沙漠中找到了水草，使这次战争取得了胜利，最后因功被封为"博望侯"。

几年后，张骞与李广分别率军反击匈奴，但由于错过行军日期，他的爵位被剥夺。

汉武帝经常向张骞询问西域诸国概况。张骞提议汉朝结交乌孙国，联合乌孙抗击匈奴。他对武帝说："假若将公主许配给乌孙国王，与他结亲，就相当于斩断了匈奴的右臂，甚至还能影响大夏等国，使其归附我大汉。"汉武帝听后表示赞同，于是派他第二次出使西域。

公元前119年，张骞拿着汉朝的旌节，率领三百多名随从，带着一万多头牛羊和大量的黄金、钱币、绸缎、布帛等礼物去结交西域诸国。张骞到达乌孙后，乌孙王亲自出城迎接。张骞送其贵重礼物，提议两国结亲，合兵抗击匈奴。乌孙王清楚汉朝离乌孙十分遥远，他既想得到汉朝的帮助，又不敢得罪匈奴。乌孙君臣对此事讨论了许久，也始终没有确定下来。

张骞担心耽误时间，便派遣部下带着礼物分别去联络大宛、大月氏、于阗等国。汉使的足迹遍及中亚、西南亚各地，最远到达了罗马帝国和北非。

乌孙国王不太相信张骞的话，就派人前往汉朝打探消息。公元前115年，张骞与乌孙使者回到长安。乌孙使者看到汉朝疆域广阔，国富民强，回国后将详情上报乌孙国王。随后，乌孙国王便下决心和汉朝建立友好关系。

此后不久，张骞去世。

张骞前后两次出使西域，让汉朝和西域多国建立了友好的关系，开辟了中西通商道路——"丝绸之路"。这条通道加强了中原人民和西域人民之间的经济、文化交流，也使汉王朝的疆域延伸到了西域地区。作为"丝绸之路"的开辟者，张骞功劳巨大。

汉纪 上

汉朝收三越

秦朝灭亡后，越族地区便四分五裂。汉朝建立时，越族地区有三大政权并存，即南越、闽越和东瓯。三越政权虽然自称是大汉属国，但却各自为政，不受汉廷管辖。高祖刘邦统治时，以休养生息之策治国，因此没有理会三越政权。但到汉武帝统治时期，他一心想建立一个统一的大帝国，所以收三越势在必行。

叛贼作乱，汉军平定

秦始皇称帝后，将今天的广东、广西和福建地区划为一郡加以治理。秦亡后，这个地区逐渐形成了以下三个政权：东瓯、闽越、南越。西汉建立初，中央采取安抚政策来对待它们。

公元前202年，汉高祖封无诸为闽越王，六年后又封赵佗为南越王。公元前192年，惠帝册封摇为东瓯王。南越、闽越、东瓯表面上都臣服于汉朝。

吕后独揽朝政大权后，下发禁令：临近南越之地不得向南越出售铁器等其他物品。赵佗担心吕后通过长沙国消灭南越国，于是宣布脱离汉朝，同时派出大军攻击长沙国，并在攻克长沙国的几座边境县城后撤兵回去了。

闻听此信，吕后马上派大将周灶率军征讨赵佗。但是，中原士兵不适应南越气候，数以万计的士兵生了病。吕后去世后，汉军停止了攻击。这时，赵佗以其大军为后盾，在南越地区耀武扬威，而且通过赠送财物之策，使闽越、西瓯和骆越纷纷归附南越，至此，南越的疆域面积扩大了数倍。

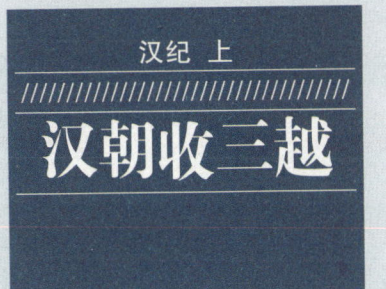

文帝登基后，派人重修赵佗先祖之墓，并派人守墓，而且每年按时祭祀，同时，还封赏了赵佗的堂兄弟。接着，文帝在陈平建议下，任命高祖时曾多次出使南越的陆贾担任太中大夫，让他再次出使南越，以说服赵佗归附大汉。陆贾到后，向赵佗详细地分析了归顺汉朝的好处与坏处，最后，赵佗接受了汉朝的提议，决定去除帝号归汉，依旧称"南越王"。

七国之乱时，东瓯参与反叛。朝廷平叛后，吴王刘濞逃到东瓯。最后东瓯王被汉廷收买，将刘濞杀死。而逃至闽越的刘濞之子刘驹，听说父王被杀，便决定寻找时机攻打东瓯。

公元前138年，刘驹与闽越联合出兵攻打东瓯。东瓯王看情势危急，马上请求汉廷出兵相助。武帝随即令严助率军从海路出发前去营救，但是当汉军走到中途时，闽越便撤兵了。

接着，东瓯王上报汉廷，希望把本国百姓都迁到长江、淮河地区，汉廷同意了。于是东瓯宣告灭亡。

不久，闽越再次率军攻击南越边境。武帝万分气恼，立即令王恢和韩安国兵分两路

◀（西汉）承盘高足玉杯

出土于广州南越王墓，高17厘米，盘直径23.6厘米。整个器物由直筒式高足杯、花瓣形玉托和铜承盘三部分组成，造型精巧，别出心裁。它并非日常使用的酒杯，应该是墓主人生前用来祈求仙露、求得长生的特殊用器。

汉纪 上 　　汉朝收三越

征讨闽越。汉军在路上时，闽越王之弟余善杀了闽越王，并率众降汉。为了奖励其功，武帝册封余善为东越王。

南越反叛，出兵征讨

公元前113年，武帝令南越王和王太后入京，并令路博德率军到桂阳迎接。关于是否入朝一事，南越君臣产生了分歧，南越王和王太后认为应该入京，但南越丞相吕嘉强烈反对入京，为此双方争吵不已。

汉武帝闻讯后，立即让韩千秋率军入南越，准备斩杀吕嘉。吕嘉得知消息后，马上率兵杀了南越王、王太后和汉使，随后击败韩千秋率领的人马，同时另立南越王，起兵叛汉。

同年秋，武帝令伏波将军路博德率军出桂阳，顺汇水向南越进军；令楼船将军杨仆出豫章，顺豫章水、浈水向南越进军；命南越降将侯严率军出零陵，顺离水向南越进军；令南越降将甲率军攻击苍梧；派驰义侯何遗率南越降将、巴蜀罪人和夜郎国的军队顺柯江向南越进军。很快，五路汉军会师于南越都城番禺的远郊。

公元前112年冬，楼船将军杨仆率军攻克南越众多城池，南越军损失惨重。接着，他联合伏波将军路博德大军继续前进，围攻南越都城番禺。吕嘉率军拼死抵抗。但在汉军的强攻下，南越最终大败，南越王和吕嘉也被生擒。至此，南越灭亡。

汉军讨伐南越时，东越王余善曾上书武帝，请求率军跟随杨仆讨伐南越，但是，他率军抵达揭阳后，便不再前进，而是暗地里派人联系南越。汉军击败南越后，余善军仍然没有前来。于是，杨仆建议趁机讨伐闽越。武帝没有同意，只让汉军驻军于闽越边境。余善认为武帝随后便要出兵攻打自己，于是便自立为帝，派兵镇守各条通汉要道。不久，

▲（西汉）铜框镶玉盖杯
出土于广州南越王墓，通高16厘米，杯高14厘米，直口，短把，圈足，带盖。杯体为上侈下敛的圆筒形铜框，分为8格，每格上下缘有浅槽镶嵌玉片，杯体下的铜座上镶嵌着5枚花瓣形玉片，杯盖亦为铜质，中嵌圆形玉块。

武帝下令分兵讨伐闽越。

公元前110年，各路汉军抵达闽越。看到汉军兵临城下，闽越百官恐慌不已，为了活命，他们谋杀了余善，然后率领部众投降汉朝。汉武帝认为闽越地形复杂，人心不稳，所以下令各路将领将当地民众迁移至江淮一带。于是，闽越灭亡。

至此，汉军彻底收复了三越。

平定三越后，汉朝又一次扩大了疆域。另外，武帝把三越民众迁至江淮一带的措施，也促进了民族大融合。

汉纪 上　　汉军远征大宛

汉纪 上
汉军远征大宛

张骞开辟丝绸之路之后，汉朝使节便经常往返于西域各国。在此期间，汉朝使节在大宛的城池贰师看到了名震天下、能征善战的"汗血宝马"。武帝听说此事后大为高兴，马上派遣特使带着无数珍宝银两前往大宛国购买宝马，但被大宛国王严词拒绝，随后汉朝使节又在归朝途中遇害。武帝闻听此讯大怒，立即下令讨伐大宛国。

打沿途城池。攻下了，就有粮草供士兵和马匹食用；攻不下，便只得驻军数日，然后继续前进。在这种情况下，汉军战死和饿死的非常多。抵达大宛郁城时，汉军只剩下几千士兵，而且全都面黄肌瘦、疲惫不堪。

李广利率军猛攻郁城，但在敌方的严密防守下，汉军死伤惨重。李广利心想，连郁城都无法攻克，更不可能攻破大宛都城，何况汉军人数越来越少，又没有粮草，再这

一征大宛，伤亡惨重

从公元前139年起，汉武帝共派张骞出使过西域两次，这两次出行对加强汉朝与乌孙、大宛、大月氏等国的联系起到了十分显著的作用。后来，听说大宛国出产汗血宝马，武帝便派遣使节携巨资前去交易，但是被大宛国王严词拒绝。

最后，汉朝使节以汉军即将前来威胁大宛国王卖马。大宛国王认为汉朝位于遥远的东方，不可能派军征讨大宛，因此拒绝卖马，随后又派人将归汉途中的汉朝使节杀害，并抢劫了他们的财物。

武帝闻讯大怒，立即任命李广利为将军，率军讨伐大宛。这次远征的目的，主要在于得到大宛贰师城的汗血宝马，因此李广利号称贰师将军，表示志在必得。

公元前104年，李广利率领六千骑兵、数万步兵讨伐大宛。汉军西出玉门关，进入西域，沿途的小国看到汉军前来都关闭城门，因此汉军的粮草得不到补充。由于缺乏粮草，汉军只能不断攻

◀（西汉）金镈铜戈
出土于山东淄博齐王陵陪葬坑，应该是当时齐王室所使用的仪仗器物，是一种权力的象征。金饰的青铜戈顶部有一只生动的回首鸳鸯，金镈表面则以云纹进行装饰。

样下去定会全军覆没。于是他下令撤退，最后汉军回到敦煌。

李广利在敦煌扎营后，上书汉武帝，希望补充兵员后再去征讨大宛。

汉武帝接到奏章后大怒，立即派人占据玉门关，并传令：如果李广利率军进入玉门关，就将其全军诛杀。李广利听后非常害怕，不敢率军进入玉门关，只得继续在敦煌驻军。

就这样，汉军首征大宛之战，由于贸然出兵和指挥不力失败了。

后来，浞野侯赵破奴率领的两万汉军被匈奴军包围，致使一万汉军惨死，一万汉军降敌。此事让文武百官暴怒不已，他们请求皇帝停止攻打

少年读全景 资治通鉴故事 2

▶▶ 汉纪 上　　▶▶ 汉军远征大宛

大宛，然后调整军队反击匈奴。

但是，汉武帝认为，不攻克大宛，西域各国就会继续藐视汉朝，肆意欺辱汉朝使节。于是，汉武帝更加坚定了征讨大宛的决心。为了震慑反对征讨大宛的臣子，汉武帝把反对态度最坚决的邓光等人打入大牢，朝中再没有人敢反对征讨大宛了。

接着，武帝赦免各地囚犯，以此补充兵员。此外，汉武帝还将各地的流民和边塞骑兵也充入贰师将军李广利的大军中。

经过一年时间，李广利率领的汉军便增加了六万人。新增加的汉军携带着十万头牛、三万匹马、众多的驴和骆驼以及充足的粮草加入军中。他们还配有精良的兵器和弓箭。

为了增强边境的防卫实力，汉武帝又征调了十八万大军，将其布置在酒泉和张掖以北地区，还设置了居延和休屠两个新的军事重镇。如此一来，既能切断匈奴军的补给线，又能支援远征大宛的汉军。

随后，朝廷又征调了数以万计的百姓为汉军运送粮草。此时，整个河西走廊战云密布，锣鼓喧天，旌旗遍地，场面蔚为壮观。

二征大宛，大捷而归

公元前101年，经过一番准备，汉武帝让李广利率军再次出击大宛。这次汉军人多势大，沿途小国都开城出迎，提供粮食和水，唯独轮台国关闭城门拒不相迎。轮台小国竟敢轻视大汉，这让贰师将军李广利火冒三丈。为了杀一儆百，李广利军队血洗轮台国。汉军屠城之举立即传到了其他小国，沿途小国闻听此信后恐惧不已。此后，汉军沿途再未遇到抗击，顺利地来到了大宛国境。

为了在沿途获取充足的粮和水，汉军兵分数路分批进击，李广利率三万主力军先期抵达大宛。随后，大宛出兵迎战，结果被汉军打败。大宛军退守郁城，希望像上次那样在这里将汉军拖垮。

李广利自然不会上当，他留下部分军队监视大宛军，其余军队攻向大宛王城贵山城。很快，汉军包围了贵山城，大宛国王毋寡闭城紧守，拒不出战。李广利派部队将城中水源切断。贵山城里本来就没有水井，如今城外的水源又被切断，城里储存的水越来越少，城中百姓恐惧不已。

大宛国内很快便发生了内讧。大宛的一些贵

▶（西汉）鎏金铜马
1981年出土于陕西兴平汉武帝茂陵东侧的从葬坑。据研究，此鎏金铜马表现的正是汗血宝马的体形。

〇八八

>> 汉纪 上　　　>> 汉军远征大宛

族私下谈论道："国王毋寡紧守宝马，不愿卖给汉朝，又杀害汉使，所以惹怒了汉朝，致使汉朝出兵攻打我国。如果我们斩杀国王，将宝马送给汉朝，汉军肯定会撤兵。如若不然，城破之日，便是我等惨死之时。"就这样，他们决定斩杀大宛国王。就在这时，汉军攻下了外城，大宛勇将煎靡也被生擒。闻听此信，城中贵族更是恐惧，他们立即杀掉了毋寡，割下毋寡之头，装在木盒里送给李广利，并说："我们的宝马任由你们挑选，我们还为汉军提供酒食，只求你们别攻我们的内城。如果你不答应，我们就杀尽宝马，拼死抵抗汉军。"

李广利考虑到大宛内城坚固、粮食丰足，利于长期坚守，而汉军远征敌国，时日已长，疲惫至极，再加上大宛邻国康居对汉军窥视已久，可能会趁机偷袭汉军。如今首恶已除，宝马可得，已经实现了汉军远征的目的，正好可以罢兵归朝。

李广利把自己的想法对众将说明，众将都没有异议。随后，李广利同意了大宛方的请求，不再攻击内城。大宛贵族听后兴奋不已，把本国宝马全部牵来，让汉军随意挑选，此外还献给汉军众多牛羊、美酒。汉军挑了几十匹最好的宝马，又挑了三千多匹一般的宝马。

不久，曾与汉朝关系亲密的大宛贵族昧蔡继位为大宛国王。随后，汉军与大宛国订立盟约，结为友好国家。

汉军远征大宛之举，有力地威慑了西域

▲ (西汉) 蟠龙纹铜壶
通高59.5厘米，腹径37厘米，通体用鎏金、鎏银工艺装饰，纹饰金银相映，富丽堂皇。口部和圈足饰鎏银卷云纹带，颈部饰金银相间的三角纹带，腹部四条独首双身的金龙相互翻卷盘绕，并缀以金色卷云纹，盖面饰鎏金夔凤，盖缘饰鎏银卷云纹，卷云纽鎏银，壶内壁髹朱漆一层，壶底刻有铭文。

各国，使他们更加臣服于汉朝，从而促进了汉朝与西域各国的友好交流，为日后汉朝设置西域都护府、管辖西域事务提供了绝佳的前提条件。这也是李广利远征大宛的最大功绩。

少年读全景
资治通鉴故事2

汉纪 上　　李陵叛投匈奴

汉纪 上
李陵叛投匈奴

飞将军李广书写了军事史上的神话，他的孙子李陵继承了他的遗志，也走上了抗击匈奴的道路。不同的是，李广蒙羞后不甘受辱，悲壮自刎；而李陵被擒后，由于情势所逼，投降了匈奴。李陵是中国历史上颇有争议的人物，他的人生悲剧也令后人悲叹。

名将之后，率兵出征

李陵，字少卿，陇西成纪人，其祖父是汉朝名将李广。长久以来，陇西李氏一直是当地知名的武将世家。李家人精于骑术、射箭，受士兵爱戴，匈奴十分害怕李家人。李陵长大成人后，担任皇帝卫队的将领，他擅长骑射，非常关心和体贴士卒。汉武帝认为，李陵继承了其祖父李广的大将风范，因此令他在酒泉和张掖地区教来自丹阳和楚地的五千士兵学习射箭，以抵御匈奴的侵扰。

公元前99年，李陵跟随李广利出兵攻打匈奴。随后，汉武帝召见李陵，想让他率军保障汉军的后勤补给。但是，李陵说自己愿意上前线作战。他对武帝说："我的部下全部是荆楚地区的勇士、奇才和剑客，其勇可杀虎，其箭术能百步穿杨。我希望率军上前线杀敌，以分散匈奴的注意力，配合大军作战。"当时，武帝十分宠幸李陵，便说："任何一个将领，都希望自己可以独当一面。我知道你不愿意被别人统领。但是，此次出动的部队太多，目前无法为你配给马匹。"李陵说："我不用马匹，我只用五千步兵就可以以寡胜众，摧毁匈奴王庭。"听闻如此豪言，李广利十分忌恨李陵。

不过，汉武帝对此话却感到非常满意，随后便令强弩都尉路博德担任李陵的后援，负责接应掩护。路博德认为当李陵的副手是一种耻辱，便上书武帝道："秋季临近，匈奴正是马肥草茂、兵士强盛之时，因此不适合出兵。请陛下令李陵暂缓进军，待明年春季一并攻打匈奴。"

汉武帝看后大怒，以为是李陵反悔不想出兵才让路博德上书的。于是，汉武帝下令让路博德率领大军前往西河攻击匈奴，同时令李陵率军前往浚稽山之南的龙勒岸边探查匈奴军的情况，如果那里没有

▶（汉）木雕马俑
善于骑战的匈奴是西汉的强敌，故汉朝一直致力于培育良马。凉州是当时全国最大的牧马场，汉王朝在这里培育了大量良马，因此在这个地区经常有依照良马标准制作的木雕马俑出土。

汉纪 上　　　李陵叛投匈奴

（西汉）匈奴怪兽纹饰牌
该饰牌呈椭圆形，怪兽头居中，似虎，兽身弯曲。饰牌上还附有一个鼠状动物，尖嘴，长尾，整体造型十分奇特。

匈奴军，便返回受降城休息。于是，李陵率领五千步兵出兵居延，一路向北前进，一个月后到达浚稽山，驻军扎营，并命人绘制路过的山川地形图，然后派部将陈步乐送回京师。汉武帝召见陈步乐，听说李陵让士卒奋勇杀敌，大为开心，遂晋升陈步乐为郎官。

兵力悬殊，嗜血杀敌

这时，战争形势发生重大变化。匈奴单于亲率三万大军包围了李陵军。面对数倍于己的匈奴军，李陵十分镇静。他将军队汇聚在两山之间，然后以运送粮草的车布阵，四面防御，他自己则亲率精锐部队在车阵外拒敌。前排士卒手握盾牌长戟，弓箭手则埋伏于后排。李陵下令："闻鼓声而纵，闻金声而止。"匈奴军看到汉军兵微将寡，便直接冲过来，这时，汉军的前排士卒先与匈奴军展开肉搏，随后又退回战壕。匈奴军前来追击时，后排弓箭手万箭齐射，匈奴军顿时人仰马翻，死伤无数，于是匈奴首领赶忙收兵返回驻地。李陵则率军一路追击，最后杀敌数千人而归。

匈奴单于大惊之下，立即命令其他匈奴军前来支援，随后再次向汉军发起冲击。由于敌众我寡，李陵不得不边战边退。几天后，李陵军退入一个山谷中。由于连续征战，汉军将士们基本上都受了伤，但他们依旧顽强抵抗匈奴军的进攻。身受三处伤的士卒，坐在车上；身受两处伤的士卒，负责驾车；身受一处伤的士卒，则继续参加战斗。就这样，他们又将三千多名匈奴兵斩于马下。接着，李陵继续率军顺龙城旧道撤退，过了四五天，他们退到了沼泽边的芦苇中。这时，匈奴军点燃芦苇，企图让汉军葬身火海。李陵马上让士卒放火烧光四周的芦苇，从而得以自救。随后，汉军继续向南撤退，来到南山脚下。此时，山上的单于令其子率军攻击汉军。于是，汉军和匈奴军又大战了一场，汉军斩杀了数千匈奴兵，同时汉军以连弩机射击单于，单于急忙逃下山去。

面对这支兵微将寡的汉军，匈奴的精锐骑兵苦战多时，付出了惨重的代价，依然没有得胜，这让匈奴单于百思不得其解。而且最不能理解的是，这支军队战到今日，竟然还是秩序井然，士气旺盛，难道汉军已经有所准备？单于怀疑这是汉军的计谋：以孤军为饵，逐步引诱他追击，让其进入埋伏圈。想到此，他便想放弃攻打李陵军。但是其部下齐声反对，叫嚷道："大王亲率数万大军远征，如果连这支小小的汉军步兵都拿不下，那以后还如何号令属国？如何让汉朝不看轻匈奴呢？在山谷和树林中，我们无法战胜汉军，但前面就是平原，比较适合我们作战，到时如果还打不败

汉纪 上　　　李陵叛投匈奴

汉军,再班师回朝也不晚。"

叛徒出卖,兵败降敌

匈奴拥有众多骑兵,在一天之内可以作战十回之多,不过,汉军依然杀伤了两千多名匈奴兵。匈奴军仍然屡吃败仗,于是准备撤军。就在匈奴军打算退兵的时候,李陵军中的军候管敢因不堪忍受校尉的羞辱,叛逃到匈奴,告诉匈奴人李陵没有后援,弓箭也快用完了,李陵是让八百人打着黄白旗帜制造声势,没有什么可怕的,只要将其射杀,便可彻底击败汉军。单于听了此话后,吃了定心丸,令部下倾巢而出,向汉军发起进攻,同时令人大喊:"李陵、韩延年,放下兵器投降吧!"随后又派一队士卒截断汉军退路,猛攻李陵军。

李陵率军拼死抵抗,汉军一天就射了五十万支箭,最后所有的箭都射完了。李陵不得不下令扔掉粮草车辆。这时,汉军只剩三千人,而且刀枪俱断,于是,汉军砍下车轴,做成兵器,文职人员则以刻字的笔刀为兵器。匈奴大军逐渐缩小包围圈,单于亲率精锐骑兵挡在谷口,然后从山上推下巨石砸向汉军。此战汉军死伤惨重,已无兵可战。

半夜时,李陵令部下击鼓,但鼓已破,无法发声。接着,李陵和韩延年骑马率领十多名士卒向南突围。数千匈奴骑兵随后追击,最后韩延年战死,李陵被擒。此后,边境守将报告朝廷,说李陵已经投降匈奴。

李陵被擒后,早已将生死置之度外,但几次自杀都未成功。这时,汉武帝已听闻李陵降敌的消息。他最痛恨的便是叛臣,大怒之下诛杀了李陵全族。李陵在匈奴本来只求一死,以尽忠于汉朝。但听说自己全族被诛杀后,一气之下便投降了。

此后,李陵在匈奴生活了二十多年,但在有生之年,他从未参与过匈奴对汉朝的军事行动。

李陵战败的关键原因是大将军李广利未派兵援救。不过,李陵能以五千士卒血战八万匈奴铁骑,而且抗击了十多天,可谓神奇之至!遗憾的是,李陵最终投降了匈奴,而在中国传统的精忠报国的道德思想中,作为武将,宁死也不能降敌。因此,李陵叛汉,虽情有可原,但依旧为后人所诟病。

▶ (西汉)四神纹玉铺首
出土于汉武帝茂陵。铺首呈扁方形,四角弧圆,分别雕铸有青龙、白虎、朱雀、玄武的神像,四神像形象庄严凝重,整个图案充满了神秘的气息。

汉纪 上　苏武牧羊

苏武牧羊

公元前100年，匈奴新单于即位。为了表示友好，汉武帝派苏武率队出使匈奴。没想到，在苏武完成使命准备率队回汉时，匈奴爆发内乱，苏武无辜受累，被扣留在匈奴。但苏武并未屈服，在被软禁的十九年间，他虽身在匈奴牧羊，心却日夜思念故土，时时盼望回归汉朝。千百年来，他都被当成爱国的典范。

出使匈奴，兵变遭扣

苏武，字子卿，杜陵人，其父平陵侯苏建为汉初名将。苏建在一次征战中失利，按律当处死，但卫青赦免了他，随后汉武帝让他以钱赎罪，并让他担任代郡太守。可以说，苏家世受皇恩。苏武少时依靠父荫，做了武帝侍从。

当时，汉军大败匈奴，匈奴军死伤惨重，再也无力像以前那样肆无忌惮地侵扰汉境。匈奴单于时常派遣使节前往汉朝，汉武帝也派遣使节前往匈奴表示友好。事实上，汉朝和匈奴都没有交好之念，只是想察看对方的情况，然后寻找时机再战。但是，匈奴毫无信义，经常将汉朝使节扣留在匈奴。为了报复匈奴，当匈奴使节来汉后，汉朝也会将他们扣留。

公元前100年，匈奴且鞮侯单于继承王位。他担心汉朝对匈奴出兵，便将过去扣留的所有汉朝使节送还汉朝。汉武帝大喜，随后派遣中郎将苏武出使匈奴，并负责将扣留在汉的匈奴使节护送回匈奴，而且还为单于准备了许多财物，以示友好。于是，苏武和副中郎将张胜以及临时委派的使臣常惠，再加上征召来的士兵、侦察人员共一百多人前往匈奴。到达匈奴后，苏武代表西汉朝廷将财物送与单于。

正当单于准备派使者护送苏武等人归汉时，发生了一件大事。已经投降匈奴的汉朝使节卫律，其手下有一个人叫虞常，他虽然投降了匈奴，但内心非常不愿意。由于张胜和虞常过去就相识，所以当苏武等人到达此地后，虞常便经常私自去找张胜交谈，说自己要斩杀卫律并绑架单于之母返回汉朝。张胜还未将此情况告诉苏武，便同意了虞常的计谋。

一天，趁单于外出打猎之机，虞常便召集部下准备行动。不料，有人出卖了他们，将计谋告诉了匈奴人。于是，单于之子调集重兵捉拿虞常，经过一番激战后，虞常被擒。张胜担心虞常被擒牵连自己，便将此事告诉了苏武，苏武听后说："事已至此，我们必然受累，但我们不能受辱。"说罢便要自杀，但被属下拦住了。

果然，虞常被严刑拷打后，将张胜供了出来。单于听闻后大怒，在和文武大臣商量后，决定斩杀所有汉朝使节。不过，有人认为应该逼迫汉使投降匈奴，以此羞辱他们。于是，单于召见苏武等人。在审讯

▲（西汉）尼雅龙虎纹铜镜
镜面平整光滑，背面铸有一龙一虎戏珠图案，外侧有几何纹样。镜体保存完好，纹饰清晰，是一面铸造精巧的铜镜。

▶ 汉纪 上　　▶ 苏武牧羊

中，苏武对常惠说："我们若是丧失气节，有辱国威，纵然活下来，还有何颜面回到汉廷去呢？"边说边拔剑自刎，但被卫律等人拦下，此时苏武已经满身是血，卫律急忙让人为其包扎。单于非常钦佩苏武宁死不屈的精神，让人全力救治苏武。单于看到苏武如此忠肝义胆，便欲劝降他。

众人规劝，宁死不降

苏武伤势好转后，卫律在苏武和张胜面前杀了虞常，接着举剑威胁张胜，张胜投降了。随后，卫律又举剑威胁苏武，但苏武毫无惧色。卫律看到苏武不怕死，便采取利诱之法。他对苏武说："我叛汉归降匈奴后，多承单于恩典，被封为王侯，拥有部下数万，牛马更是无数，可以说是相当富贵了。如果你今天归降匈奴，那么明天你就和我同样富贵了。更何况，即使你为国而死，又有谁知道呢！"苏武听闻此言，怒骂卫律道："你本为大汉臣子，如今叛国背主，还有什么资格和我谈论国家大义。"卫律明白苏武绝对不会投降匈奴，便回去报告了单于。

单于听后，越发想逼苏武投降，于是就将苏武放在地窖里囚禁起来，不让他吃喝。苏武就将雪和毛毡一起吞下去止饿，就这样好几天，竟然没有死。匈奴人认为他很神奇，便将其迁往北海无人之地，让他牧公羊，说等到公羊生了小羊便放他回国。同时，匈奴将苏武的部下和常惠等人分别安置到别处。

苏武到达荒无人烟的北海后，只有一根代表朝廷的旌节与其为伴。没有人给他送食物，他就挖野菜、拔草根为食。

李陵投降后，单于得知李陵与苏武曾是好友，于是让李陵前来规劝苏武投降匈奴。李陵来后，苏武才了解到，兄长苏嘉和弟弟苏贤由于犯了小错，都自尽了，母亲已然病故，妻子也改嫁。他不禁泪流满面。李陵对苏武道："我刚被俘时，感觉愧对朝廷，但后来得知朝廷不分青红皂白将我全族诛杀，我已经没有家了，所以只能投降。现在，你也无家可回了，如果就这样葬身异国他乡，你的爱国心又有谁明了？人生苦短，何必要虐待自己？"苏武说："我苏武父子无功无德，都是皇上栽培提拔起来的，官职升到列将，爵位封为通侯，兄弟三人

▶ 黄慎《苏武牧羊图》
苏武牧羊是历代绘画中的常见题材之一。画中，苏武手持汉节，双目遥望汉廷方向，目光坚定，表现了不屈的意志。

汉纪 上　　　　苏武牧羊

◀（汉）夔凤纹玉璜
璜是周礼中祭祀天地四方的礼器之一，唐代以后逐渐消失。夔凤纹虽然在各代都常被用作纹饰，但它在每个朝代各有特色，这种通体勾连的夔凤纹一般只出现于汉代。该玉璜整体造型精美，雕琢细腻，是汉代礼器之佳品。

都是皇帝的亲近之臣，愿为朝廷牺牲一切。希望你不要再说了。"李陵长叹一声，称颂苏武乃大汉忠臣。

后来，又有许多人来劝苏武投降，但他都坚决不从。单于钦佩其铮铮铁骨，一直没有将其杀害。就这样，苏武一直在北海牧羊。

朝廷要人，苏武还乡

公元前85年，匈奴单于去世，新任单于派遣使节入汉求和。汉廷提出了释放苏武等汉使并让其归国的条件，但匈奴人谎称苏武已死。朝廷以为苏武确实故去，就放下了此事。

不久，汉使前往匈奴。常惠听说此事后，贿赂匈奴看守，乘着夜色前去会见汉使，并且告诉了他苏武的遭遇，为他想了个办法，教他如何向匈奴单于要苏武等人。

次日，汉使拜见单于，气愤地对单于道："如果匈奴当真和我大汉交好，就不该欺瞒我们。我们陛下前日在花园中射落一只大雁，大雁的腿上绑有一块绸布，上面写着'苏武在北海'。单于为何说他去世了呢？"

单于听后大惊，以为苏武之忠感动了大雁，使大雁为其传递信息。事已至此，单于不得不将苏武自北海放归，最后将常惠等人也一起交与汉使带回汉朝。

公元前81年，历尽坎坷的苏武终于回到长安。出使匈奴时，苏武年轻力壮，而如今却已满头白发。在遭放逐的日子里，苏武只要投降，就可以享受锦衣玉食的生活。然而，他宁可在人迹罕至的北海受苦受难，也不愿投降。为了尽忠于国家，他在人生最美好的时光中，在北海牧羊。不过，正因如此，他才成为后人心中的爱国楷模，留名青史。

▲（汉）双身动物面纹璧
此璧光亮度好，璧两面纹饰相同，内圈刻有排列整齐的谷纹，外圈以粗阴刻线琢兽面纹。

汉纪 上 ▶▶ 良吏黄霸

汉纪 上
良吏黄霸

黄霸，汉朝著名清官，先后担任过阳夏游徼、侍郎谒者、左冯翊等职。汉宣帝时，黄霸被任命为丞相。他为人谦虚温厚、才学出众，处理事务依法而行，治理百姓以教化为主。《汉书·循吏传》评价黄霸道："自汉兴，言治民吏，以霸为首。"

一心为官，教化治民

黄霸，字次公，河南太康人，从小便学习律令，从政欲望十分强烈。

汉武帝统治后期，朝廷为了解决财政困难，下令只要为国家捐献财物便可为官。于是，黄霸捐献了许多粮食，最后被朝廷封了一个小官。不久，他由于为官清正廉洁，被提拔为均输长。在担任此职期间，他抛开了前任官员的治理之策，张榜公告市场物价，严禁商人哄抬物价、囤积居奇，整治贿赂送礼之风，鼓励以公平、公正、公开的原则进行交易。

黄霸依法行事，为官廉洁，关注民生，鼓励百姓发展农业。尤其在审理案件时，他更是推崇仁政，反对采用严酷的刑罚。凡是有疑惑的案件，他都轻判，他认为，应该以"外宽内明、教化为先"的策略管理罪犯，将管理重点放在预防犯罪上。因此，黄霸受到当地百姓爱戴，朝廷也对其十分满意。

由于政绩卓著，黄霸很快又晋升为河南太守丞。又因其精通律令，且性格温和、为人中庸，因此太守十分欣赏他，百姓也非常拥护他。

汉宣帝时，大多数官员都继承了武帝当政时执法严酷的风格，但黄霸却执法温和、宽容仁厚。汉宣帝听说黄霸为政清廉，便下旨点名让他出任颍川太守。黄霸赴任时，既没有坐轿，也没有骑马，而是骑着骡子独自前往。黄霸到任后，马上张榜公告，教导民众学习律令，同时在邻县和官道上张贴告示，鼓励在外流亡的当地人回归家乡，并许诺：只要他们回乡垦荒种地，政府便为其发放粮食和种子，并免其税收和徭役。

为了让当地百姓信任自己，黄霸经常脱下官服，到田间和农民一同耕种。其行为很快传遍各地，于是那些外出逃荒的百姓纷纷返回了家乡。为了稳定民心，避免百姓再次逃荒，黄霸下令：各县县令要妥善安排逃荒百姓，若有官员违令不遵，就会被严罚或就地免职。随后，他到各县微服

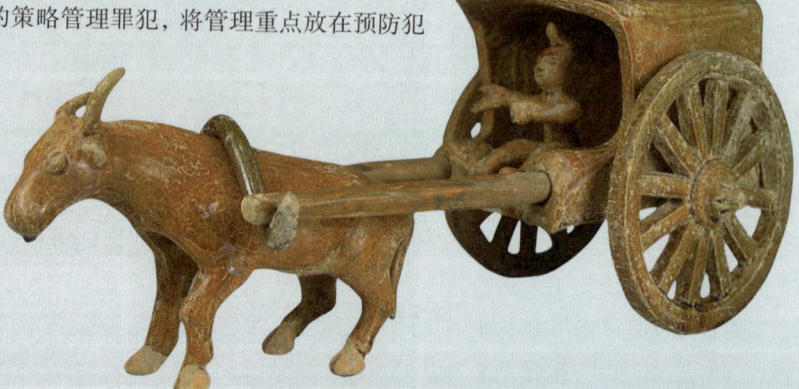

◀ （汉）黄釉陶牛车

汉纪 上　　良吏黄霸

私访，查探此事的进展。

待逃荒百姓安定后，黄霸又鼓励当地百姓养猪、鸡、鸭、蚕等，并教他们种植各种树木，同时下令禁止用粮食喂马。因而当地百姓生活富足，安居乐业。

黄霸严格管教手下官员，因此凡是他派到各地去的官员，都是清正廉洁的好官。

几年后，在黄霸的治理下，颍川郡的社会风气很好，当地夜不闭户，路不拾遗，百姓安居乐业。宣帝对此十分满意，下诏任命黄霸担任京兆尹，并赐其黄金百斤。黄霸随后却将这些黄金全部捐给颍川郡作为修理河道的资金，而他自己则一钱不留。

犯颜获罪，直心不改

那时，汉宣帝总是害怕自己被废，因为当时的朝政大权掌握在霍光集团的手中，这对皇权构成了巨大的威胁。宣帝为了彻底解决这一问题，便下令群臣重议庙乐，以颂扬武帝功绩。宣帝想通过这些措施来压制霍氏集团日益膨胀的野心。于是，朝中的奸佞小人便纷纷附和，赞扬宣帝英明威武，还建议他出兵开拓疆土，完成统一大业。这些正是宣帝愿意听到的，但却遭到长信少府夏侯胜的强烈反对。

在夏侯胜看来，当务之急不是颂扬武帝功绩，也不是出兵开疆辟土，而是思考安邦定国、发展生产的策略。满朝文武中，只有黄霸支持夏侯胜的观点，随后他上书宣帝，希望撤销重议庙乐的诏令。宣帝看后大怒，将他们二人关进大狱。

黄霸被打入大牢后，并没有消极厌世，反而借机拜夏侯胜为师，学习治国之道。夏侯胜是当时天下闻名的经学家，注有《尚书》，并首创了"大夏侯学"。在牢里，黄霸认真地向夏侯胜请教，钻研儒家经典，天天如此，从没有中断过。师生二人

▲（西汉）马王堆汉墓出土的点纹漆盂
马王堆汉墓出土的众多精美漆器向我们展示了两千多年前漆器工艺的精湛技术与高超水平，此件漆器造型精美、纹饰考究，堪称佳品。

在牢里研究学问，孜孜不倦。两年后，中原地区发生了地震，宣帝为求天下太平，决定大赦罪犯。于是，黄霸和夏侯胜便走出了大狱，不久朝廷任命夏侯胜为谏大夫，黄霸则被派往扬州担任刺史。

黄霸做官期间，当时的统治集团内部正在为争夺权力明争暗斗，朝廷形成两大派系，许多官员向两大派系的大臣贿赂，以保官位。黄霸性格耿直，从不参与两派之间的斗争。他始终如一地依法办公，严惩贪赃枉法之徒。

公元前55年，黄霸继邴吉之后为相，同时被赐封为建成侯，负责处理全国事务。四年后，黄霸病故。

凭借出色的政绩和教化百姓的策略，黄霸逐步由一个小吏坐上了丞相之位，史书称其"以外宽内明得吏民心，户口岁增治为天下第一"。汉宣帝也赞其为"贤人君子"、"国家栋梁"。黄霸主张宽和施政，以德教化百姓，依法办事，以廉为本，关注民生。因此时至今日，人们依然对其称颂不已。

少年读全景
资治通鉴故事 2

▶▶ 汉纪 上　　▶▶ 酷吏张汤

汉纪 上
酷吏张汤

张汤审案总以教化百姓为主，并以天子诏令审理案件。在为官时期，他强力惩治不法商贾，铲除豪强，其行为不仅增加了朝廷赋税，也稳定了社会秩序。张汤虽然执法严厉，人称酷吏，但他为官清正廉洁，是一名实实在在的清官。

继承父职，精通律令

张汤，陕西西安人，年少时便具有审案之才。张汤小时候，其父任长安县丞。一天张父外出办事，让张汤在家看守。父亲回家后，却发现家里的肉食都被老鼠偷吃了，于是怒打了张汤一顿。事后，张汤便到处挖老鼠洞，最终将偷肉的老鼠和剩下的肉找到了。

然后，张汤将老鼠放在堂下，像审问犯人那样对老鼠进行审讯。从传讯到定案，审讯程序十分完整。最后他拿出老鼠吃剩的肉结案定罪，并按刑律把老鼠处死。其父看了他写的判决文书后，发现文辞详密，为此深感吃惊，认为张汤具备狱吏之才，于是就让他学习刑律。

张父去世后，张汤便开始担任长安县吏。有一次，周阳侯田胜犯罪被捕。张汤闻听此事，便设法为其洗刷罪名。田胜无罪释放后，马上便被朝廷封了侯，所以他非常欣赏张汤。此后，只要有机会，田胜就设法向京师的皇亲贵族引荐张汤。由于张汤处理事情果断干脆，工作兢兢业业，因此也有人在丞相面前多次推荐他。不久，张汤出任茂陵尉一职。

田蚡担任丞相后，将张汤提拔为丞相史。接着，他在武帝面前大力举荐张汤。随后，汉武帝让张汤担任侍御史，主要负责审案。不久，张汤在审讯陈皇后巫蛊之案时，严厉追究同案犯。武帝觉得他能力出众，便将其晋升为太中大夫。在此任上，他和赵禹一起制定了大汉刑律，其中一些条文非常严酷。

不久，朝廷任命赵禹出任中尉，任命张汤出任廷尉。他们俩虽然交情深厚，但是具有不同的性情。赵禹为官清廉，为人清高，自从进入仕途后从未在家中宴过客，就是朝臣邀其参加宴席后，他也从不回宴。他这样做，只是想以此杜绝亲朋好友的邀请，以免自己为人情所牵连而导致无法秉公办事。张汤则不是这样，他为人圆滑，善于处理人情世故。他在为官之初，时常攀交长安的官商。担任九卿

▼（西汉）嵌绿松石鸟形器

▶▶ 汉纪 上　　▶▶ 酷吏张汤

▲（汉）席纹大陶罐
高32.2厘米，口径16.5厘米，小口卷沿，低直领，圆肩，深圆腹，平底。因为烧造温度高，器物胎质坚硬。器表用拍印的席纹进行装饰，古朴雅致。

后，他又开始结交各地名人，即使对方与自己不是同道中人，他也会在表面上装作敬佩对方。

当时，武帝十分欣赏文士。为此，张汤在审讯大案时，便设法攀附古人之义，并任用那些学习过《尚书》《春秋》的人担任廷尉史，让他们以古义解决疑难之案。在上书皇帝前，他会先行将原因、经过告诉皇帝。只要建议被皇帝认可，他便立即用板写下，将其制定为律令，作为日后审案的法律依据，以此来表现皇帝的英明；如果皇帝不认可，张汤就主动揽责，向皇帝谢罪，从不诿过于下属。

汉纪 上　　酷吏张汤

如此一来，就是发生错误甚至犯下大过，皇帝也会免其罪责。如果是皇帝、狱政官、总务官想要定罪的人，张汤便会让属下严厉治罪；而皇帝和狱政官、总务官想要释放和宽恕的人，张汤便会轻判或释放。因此，皇帝和大臣们对他非常信任。

张汤审案时，宽严有度。他审讯豪强时，就一定会动用重刑；审讯百姓时，就会马上上报皇帝，请求减刑。

对朝廷里的重臣，张汤则非常谨慎，他时常赠送酒食给这些朝廷重臣的宾客。对旧友的子女，张汤则照顾有加。此外，不论春夏秋冬，他都坚持走动于各权贵之家。因此虽然他审案时引用的律文十分严酷，但由于具有良好的人际关系，他依旧受到众人称颂。公孙弘便非常青睐张汤，认为他是一个好官。

在审判淮南、衡山、江都三王谋反之案时，张汤顺势严查淮南王的一干亲信，使此案牵连了许多人，其中严助和伍被便在此列。武帝认为二人告发有功，决定不追究其罪。然而，张汤对武帝说："伍被是淮南王的军师，本就曾谋划反叛之事。严助身为朝臣，竟然私自结交王侯。如果将他们赦免了，恐怕会产生不良的影响。所以，这两个人绝不能轻饶。"最终汉武帝默许了他的提议。此后，汉武帝更加信任张汤，很快便任命他担任御史大夫。

公报私仇，自杀身死

不过，张汤受宠时间比较短，在出任御史大夫第七年时，他被逮捕了。

御史中丞李文和张汤以前就有过节，他总想设法从朝廷公文中寻找错误加害张汤。张汤的部下史鲁谒居明白张汤对此事非常气愤，便让人告发李文。武帝让张汤审理此案，结果张汤公报私仇，将李文判为死罪。张汤知道这件事乃是鲁谒居策划，所以十分感激鲁谒居。当鲁谒居生病后，张汤亲自前去探望，甚至为其按摩双脚。

赵王对张汤和鲁谒居过去排挤自己之事耿耿于怀，总想借机报复。他听说张汤为鲁谒居按摩双脚后，便上书朝廷说张汤亲自为鲁谒居按摩，他们必有阴谋。于是，武帝立即派大臣调查此事，当时鲁谒居已然病故，结果此事牵累其弟。张汤得知鲁谒居的弟弟被捕后，便准备设法救他出狱，但他表面上故意装作此事与己无关。鲁谒居的弟弟误解了张汤，气愤之下便将张汤和其兄合谋诬陷李文之事坦白了。武帝因此下令严查张汤。

情势危急，张汤的政敌——当朝丞相庄青翟也对张汤落井下石。他暗地里让部下朱买臣、王朝和边通诬陷张汤与田信囤积居奇、以权谋私。朱买臣、王朝和边通都曾担任过朝廷重臣，后来因事被贬。张汤以前曾多次代理过丞相之职，在此期间，他故意羞辱朱买臣、王朝和边通，还将他们三人当作自己的部下，对他们颐指气使，所以朱买臣、王朝和边通都十分仇视张汤。

汉武帝听说张汤以权谋私，大怒之下立即派人前去向张汤问罪。不久，张汤就自尽了。

张汤死后，人们发现他家中财产很少，说明他为官清廉。汉武帝闻听此事后，立即派人前去调查朱买臣、王朝和边通。最后，朱买臣、王朝和边通都被处死，丞相庄青翟也畏罪自杀。汉武帝认为自己愧对张汤，所以十分关照张汤之子张安世。后来，张安世被赐封为"富平侯"，汉武帝对其始终宠幸有加。

张汤身为执法者，执法严厉，后人将其称为酷吏。但是，身为酷吏的张汤，并不是一个为非作歹、以权谋私的贪官，而可以算是一个清正廉洁、简朴无华的清官。

汉纪 上　　倪宽体国恤民

倪宽体国恤民

倪宽，汉朝清官，性格温厚，精于文，拙于武。他在为官期间，经常以儒家学说来教导百姓，大力发展农业，减免刑罚，重新处理过去的存疑案件，提拔仁慈宽厚的人，做事务实，不图虚名，所以深受百姓拥戴。此外，知识渊博的倪宽还奉命与司马迁等人合作，共同制定了《太初历》，将当时通用的历法中的错误一一改正，从而有力地推动了中国历法的发展。

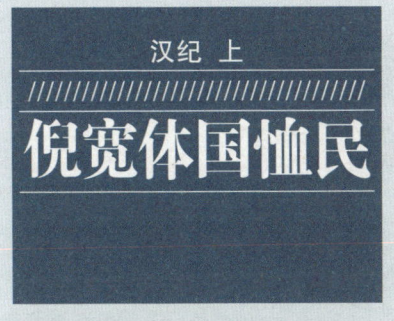

学识渊博，一心为民

倪宽是千乘人，从小便喜欢读书，但家中穷困，只得靠打长工为生。每次外出劳动时，他都将书挂在锄钩上，等到了休息时间，便抓紧时间读书学习。就这样，他逐渐成了一位博学之士，远近闻名。

后来，他专心学习《尚书》。很快，他又通过考试走入仕途，出任朝廷掌管礼乐制度的官员。后来，他又做过掌管刑狱的小官。

倪宽担任小官员时，主管官员是廷尉张汤。在廷尉府里，只有那些精通法律条文和刑狱律令的官员才能得到重用。而倪宽只是一介儒生，根本不懂法律和刑狱之事，因此在廷尉府里无事可做。鉴于此，张汤就让他到北地管理牲畜。此去竟达数年之久。其间他抓紧学习刑狱律令，收获很大。

几年后，倪宽重新返回廷尉府，并根据自己的亲身体验写了一篇关于怎样管理牲畜的文章，然后交给了张汤。当时，张汤正在审理的一个大案需要撰写详细案情，廷尉府官员写好后便上报了朝廷。但武帝看后，认为此案还有众多疑点没有解释清楚，非常生气，将奏疏退还了廷尉府，让张汤重新撰写。但是廷尉府的官员实在不知怎么撰写，为此坐卧不安。

倪宽仔细看完此案的相关材料后，便向廷尉府中负责起草奏疏的官员提出了自己的建议。众官员听后认为有理，便让其代笔。倪宽本来就文采出众，经过实践锻炼后更是博学多才，他很快便将奏疏写完了。众官员看后十分满意，于是就将倪宽的具体情况以及其撰写的奏疏上报了张汤。张汤也认为倪宽写的奏疏文采出众，于是马上找来倪宽，问了他许多有关刑狱和撰写奏疏的问题，倪宽对答如流，讲得头头是道。

随后，张汤将奏疏交给了武帝，武帝看后也很满意。第二天上朝时，武帝问张汤："昨天的奏疏绝非普通官吏所写，究竟是何人所写？"张汤说："此奏疏乃本府官员倪宽所写。"汉武帝说："朕以前便闻听过此人之名。"后来，张汤便让倪宽专门负责起草奏疏。此后，倪宽审理过许多案件。他一心为百姓办案，严惩奸恶之徒，因此那些贪官污吏极其畏惧他。

公元前120年，张汤出任御史大夫一职，同时举荐倪宽担任侍御史。就这样，倪宽有了纠察

▲（汉）驸马都尉铜印
边长2.6厘米，重66克，方形，龟纽，龟颈前伸，头扬起，背弓起作爬行状，印上有朱文篆书"驸马都尉"四字。汉武帝时设置"驸马都尉"之职，是近侍官的一种。魏晋以后，皇帝的女婿加此称号，简称驸马。

少年读全景
资治通鉴故事 2

▶ 汉纪 上　　▶ 倪宽体国恤民

▲（西汉）玉云雷纹鸡心佩

百官、举荐贤才的权力。此后，汉武帝经常召见倪宽讨论经学。倪宽引经据典，受到汉武帝的欣赏。不久，武帝便提拔其出任中大夫之职。

体国恤民，百姓爱戴

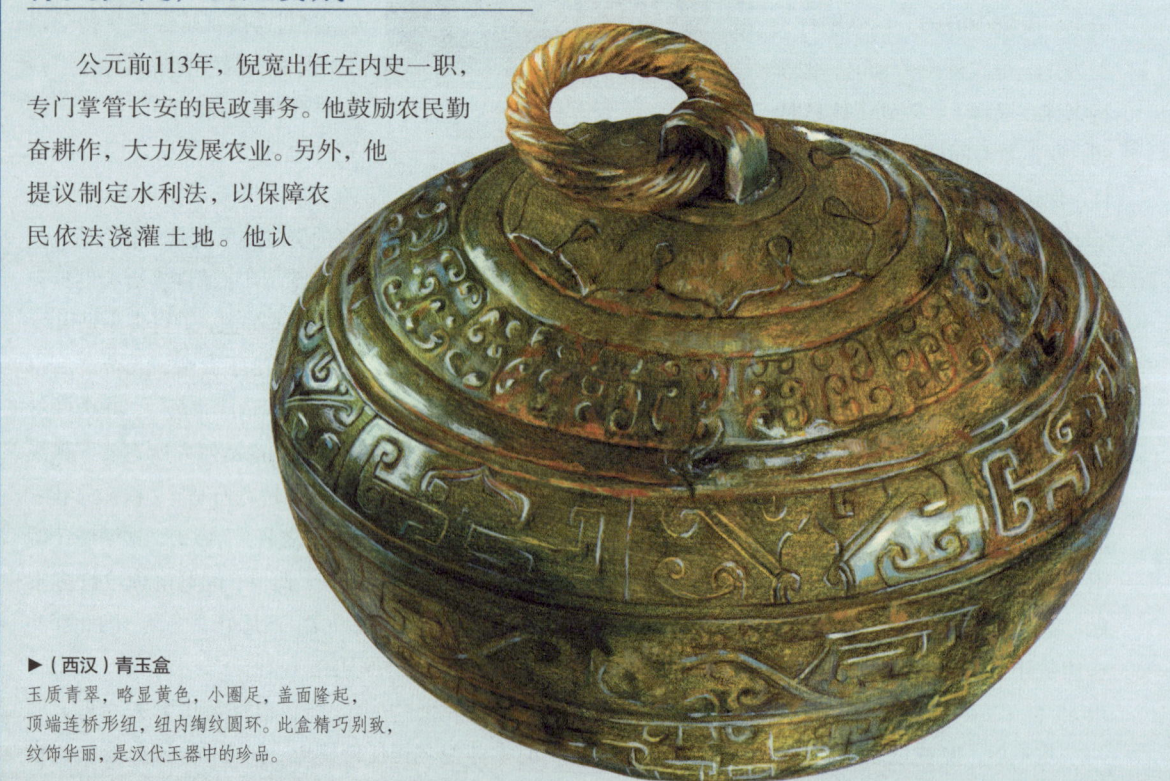

公元前113年，倪宽出任左内史一职，专门掌管长安的民政事务。他鼓励农民勤奋耕作，大力发展农业。另外，他提议制定水利法，以保障农民依法浇灌土地。他认为，只有多种粮食，才能消除饥荒，稳定社会秩序。同时，他认真审理各种案件，依法办事，不用酷刑，通过这种方法来避免产生冤案。他时常对部下说："只有关心百姓，官员才可能得到百姓的拥护，所以委任下属时，一定要重用善良温厚之人。"

倪宽十分关注百姓疾苦。在收租税时，他会适当调整歉收地区的税收政策，还对贫弱户和因故无法及时缴租的百姓予以延缓交租或减免税赋，如此一来，当地的赋税征收进度十分缓慢。后来，朝廷急需用粮，于是命令内史纳粮。这时，大户人家用套车运粮，小户人家用肩背挑粮，一路上交粮的人和车不计其数。当地的征粮任务不仅没有延迟完成，反而是完成得最快和最好的。汉武帝由此对倪宽之才更加吃惊。

▶（西汉）青玉盒
玉质青翠，略显黄色，小圈足，盖面隆起，顶端连桥形纽，纽内绚纹圆环。此盒精巧别致，纹饰华丽，是汉代玉器中的珍品。

汉纪 上　　倪宽体国恤民

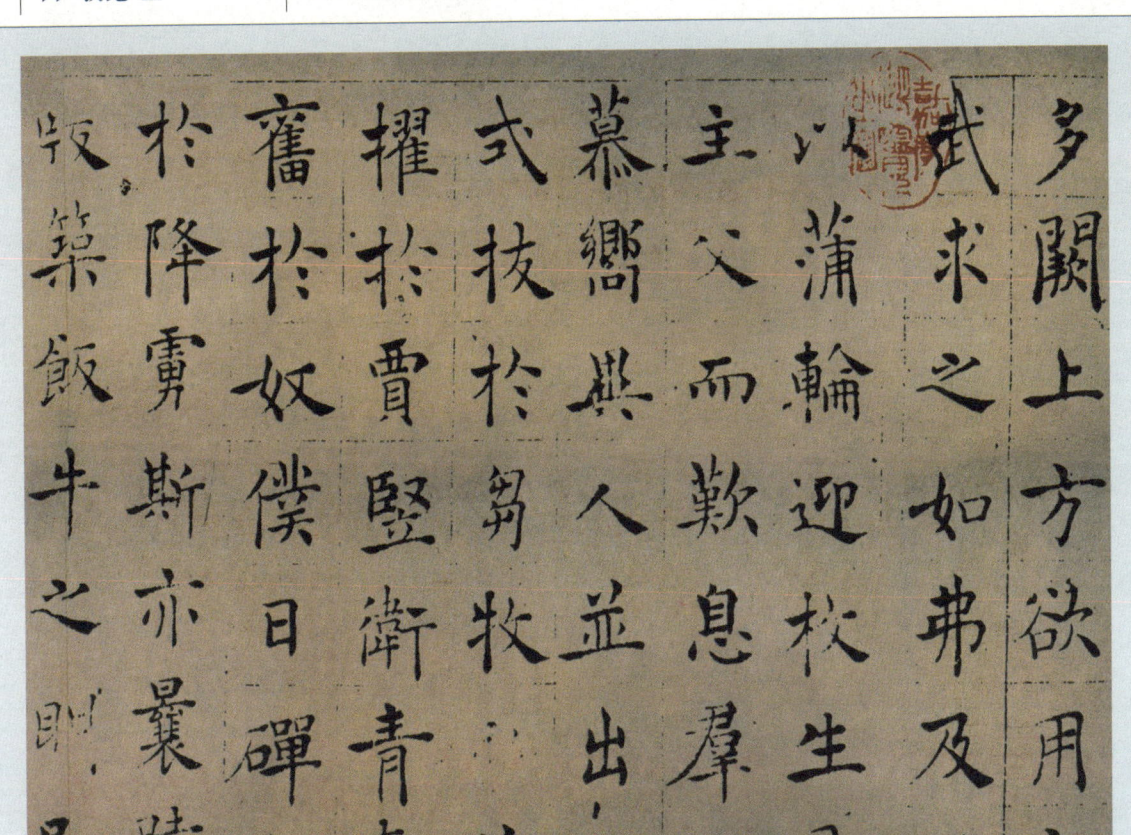

▲褚遂良《倪宽赞》局部
此作品据传为唐代书法家褚遂良的作品，书风温雅挺拔，是书法作品中的精品，也是历代书法爱好者认真钻研的对象。

公元前110年，汉武帝提拔倪宽担任御史大夫。汉武帝前往泰山举行封禅大典时，让倪宽陪同自己巡视泰山。

此前，博士褚大的官位高于倪宽。当朝廷准备任命新的御史大夫时，武帝征召褚大进京。褚大自认为此次入京，必然是让他出任御史大夫。然而，他到洛阳时，却闻听倪宽出任了御史大夫，因此心中非常懊恼。来到京师后，褚大和倪宽同时在武帝面前谈论封禅大事，当褚大看到倪宽旁征博引、滔滔不绝时，才确信自己比不上倪宽。

公元前104年，倪宽和司马迁等人一起制定了《太初历》，将当时通行的历法中的错误一一加以纠正，从而推动了中国历法的发展。倪宽既精通经学又有文采，其著作主要有《倪宽赋》两篇、《倪宽》九篇、《封禅颂》等。

公元前103年，倪宽去世。

在我国历史上，倪宽是一位著名的博学之士和高官贤才，少时虽家贫却勤学不止，后来身居高位却善待下士，辅佐皇帝时牢记民苦，日理万机却依然好学。因此，他既是古代为官者的榜样，也是当代为官者的标杆。

少年读全景
资治通鉴故事 2

▶▶ 汉纪 上　　▶▶ 社稷之臣汲黯

汉纪 上
社稷之臣汲黯

汲黯，汉朝耿介之士，为人清高严肃，直率刚毅，从不阿谀奉承，因此朝中群臣十分敬畏他。汲黯尊崇黄老之学，喜好无为而治之策，因此与推崇儒学、重用酷吏、虚荣自傲的汉武帝矛盾重重。但是，汲黯的一言一行都是为了朝廷考虑，所以武帝虽然万分反感他，但也承认他确确实实是西汉的"社稷之臣"。

秉公事职，犯颜直谏

汲黯，字长孺，河南濮阳人。汲黯的先祖生活于古卫国时代，当时的卫国君主对其先祖十分宠幸。汲氏子孙代代都是朝中重臣。

汲黯成人后，在其父的推举下，担任太子洗马一职。景帝之所以让他担任此职，主要原因在于汲黯为人严正。景帝驾崩后，汉武帝刘彻登上皇位，随后让汲黯出任谒者一职。

汲黯为官时，对民众疾苦非常关注。有一次，大火烧毁了河内郡数千户百姓的家，汉武帝让汲黯前去查探灾情。他看到百姓遭受大灾，灾民无数，于是未经请示便私自打开官府粮仓赈灾。回朝后，他向武帝请罪。武帝认为他贤良爱民，便赦免其罪，只是将其调到荥阳担任县令。汲黯认为自己当个小小的县令是一种耻辱，便告病还家。汉武帝听说后，立即召汲黯归朝，并让其出任中大夫之职。然而，由于汲黯频频劝谏武帝，致使武帝十分反感，因此不久后他又被调往东海出任太守。

汲黯尊崇道家思想，无论是治理官衙，还是处理民事，都采取清静无为之策。他要求部下按大原则处理政务，从不在小节上苛求属下。汲黯体质虚弱，疾病缠身，经常卧床休息，几乎不出门户。但是一年后，东海郡便成为一块繁荣清平之地，当地百姓对汲黯赞颂不已。武帝听说后，便将汲黯召回长安，让其担任主爵都尉，地位与九卿相同。

汲黯依法办事，勇于犯颜直谏。有一段时间，汉武帝重用大量儒生，以表明自己推行儒家之道的诚心，并常在百官面前扬言要做仁义之事。汲黯明白汉武帝真正实行的是外儒内法的治国之策，因此他不仅没有迎合汉武帝，反而直言不讳地对汉武帝说："陛下贪欲太重，口头上却说要行仁义之事，这样怎么能效仿尧舜呢？"汉武帝听后，怏怏不快地退朝回宫。

回宫后，汉武帝怒骂汲黯。于是，群臣都指

▼（西汉）青玉小璜
璜始于新石器时代，是丧葬、朝聘等大礼中的重要礼器，盛行于商周时期。汉代以后玉璜逐渐减少，并成为纯粹的装饰品。

汉纪 上　　　社稷之臣汲黯

▲（汉）镶贝壳鎏金卧鹿
高4.3厘米，鹿呈卧状，以海贝为鹿身，鹿首昂扬，鹿腹、四肢蜷卧，边缘上卷，以托海贝。鹿体鎏金，虽已脱落，仍依稀可见。此器物造型新颖别致、匠心独运，体现了汉代独特的艺术风格。

责汲黯，说他对汉武帝不够尊重。汲黯说："朝廷用大臣，就是为了辅佐陛下，难道是让我们曲意逢迎陷陛下于昏君之列吗？作为人臣，如果只顾身家性命，那就有愧于朝廷、百姓！"

由于汲黯为人耿直严肃，群臣都很敬畏他，就连汉武帝在他面前也十分注意自己的言行，不敢有什么越礼的举止。卫青在宫中时，汉武帝曾在如厕时接见他。而汲黯求见武帝时，武帝不戴好帽子，绝不会接见他。

有一次，武帝独自坐在大帐外，没有戴帽子。刚好汲黯前来求见，武帝便急忙躲到了帐内，让侍从替他批准汲黯的奏疏。真不敢想象，汉武帝竟然"害怕"汲黯到如此地步。

不畏权贵，一代直臣

汲黯从不对当朝权贵阿谀奉承。

田蚡之所以当上丞相，皆因他是太后之弟。当时，田蚡权倾朝野，许多官员看到田蚡的车马便下拜，但汲黯却只是对其作揖，并不加礼。田蚡虽然怀恨在心，但也奈何他不得。

卫青一家有五人封侯，其姐贵为皇后，他自己又是驸马，深受武帝宠幸。朝中大臣见到他都下拜示礼，而汲黯看到他只是作揖。于是，有人说他失礼，汲黯笑道："我如此做，方能衬托出卫大将军的风度，这样难道不是更好吗？"卫青明白汲黯乃是当朝直臣，不仅没有怪罪汲黯，反而十分敬重他，还经常向汲黯请教国事。

汲黯十分藐视那些通过阿谀奉承受到武帝恩宠的大臣。张汤担任廷尉后，汲黯就曾多次当着汉武帝之面诘问张汤："作为陛下的肱股之臣，你

汉纪 上　　社稷之臣汲黯

上不能弘扬先帝之功，下不能消除平民之恶。相反，你肆意违背律令，以逢迎陛下和重臣。更让人无法忍受的是，你竟然胡乱删改高祖制定的规章制度，如此做你必将无后。"

在朝堂上，汲黯和张汤经常辩论。张汤辩论时，专门深究律令条文，关注细节。汲黯则言语严正，情绪激动，不肯屈服。他曾怒骂张汤道："人人都说刀笔吏绝不能做公卿，此话果然有理。如果按照你所制定的律令治理天下，那么天下人就会连走路都不敢了！"

汲黯体弱多病，每次生病数月才能康复。当时朝廷律令规定：官员卧床三个月以上便要被罢免官职。于是，汉武帝每次在汲黯生病快满三个月时，便再给他假期休养，以保留他的官职。

有一回，汲黯由于病重无法上朝，便让庄助为自己告假。汉武帝问庄助："你觉得汲黯如何？"庄助答道："汲黯现在的官职，不足以让他施展才能，如果让其辅佐太子，他肯定会全力以赴，谁都无法动摇他的决心。"汉武帝表示赞同，说："你讲得很对，古有与国共生死的忠臣，而汲黯便是这种人。"

不久，汲黯因罪被捕，但由于赶上汉武帝大赦天下，因此他只被罢了官，并未被定罪。

几年后，朝廷重新铸造五铢钱，有人便借机私铸钱币，而楚地这种情况尤为严重。汉武帝认为淮阳郡是通往楚地的必经之地，所以让汲黯出任淮阳郡太守。汲黯数次婉言谢绝，但武帝数次强令他接受诏令，汲黯无奈，只好答应前往。他走时对汉武帝哭诉道："微臣重病在身，恐体力不支，难以处理太守的繁重事务。我请求陛下让我担任中郎，在宫中出入，为陛下建言献策，弥补漏失。"武帝说："你难道嫌弃淮阳郡太守这个官职吗？我很快会召你还朝的。现在淮阳郡官民关系十分紧张，因此我不得不让你出山治理了。到那儿后，你就住在家中处理政务吧，不必经常外出。"于是，汲黯只得前往淮阳郡。

七年后，汲黯病故。

汲黯是一位耿直之臣，后世将其看作谏臣的代表人物，人们有时甚至直接称其为"汲直"。在他之后，历朝历代敢于直谏的名臣都将他视为自己的榜样。

作为一名"临大节而不可夺"的千古名臣，汲黯必将永垂青史。

◀ 赵孟頫《汲黯传》（局部）
这幅作品是元代书法家赵孟頫晚年的小楷力作，内容出自《汉书·汲黯传》。

汉纪 上　　窦婴舍身救友

汉纪 上
窦婴舍身救友

高祖、惠帝、文帝、景帝和武帝时代英才辈出。正是这些英才，辅佐汉朝统治者开疆辟土，安邦定边，发展经济，从而为汉武帝开创辉煌盛世创造了条件。这些汉王朝的功臣，并非都有好下场。其中，一度独揽朝政大权、最终却全家被诛杀的窦婴，便是一个让人感叹的英才。

酒醉失言，灌夫被捕

窦婴，字王孙，清河观津人，窦太后之侄。

七国之乱时，景帝任命窦婴为大将军，率军驻守荥阳。平定七国之乱后，窦婴因功被封为魏其侯。窦婴喜好儒学，不久后被窦太后罢官逐出朝廷。窦婴周围之人逐渐远离他，唯有将军灌夫一如既往地与其交往，因此他们成了莫逆之交。

窦太后去世后，武帝令田蚡担任丞相。作为另一支外戚势力，丞相田蚡十分藐视失去权势的外戚窦婴。

公元前131年，田蚡举办喜宴，太后下令所有皇亲侯爵都前去祝贺。在喜宴上，田蚡向众人敬酒，所有来宾都起身离席伏在地上，表示不敢当。不久，窦婴也向众人敬酒，但只有窦婴的一些老朋友离席表示谦让和感谢，大多数人则端坐不动，只是微微欠身表示还礼。

灌夫认为他们对窦婴不够尊重，非常生气。随后，他也向众人敬酒。敬到临汝侯时，临汝侯端坐在席位上与程不识小声交谈，并不起身回礼。灌夫本来就生气，看到临汝侯如此不尊重自己，便忍不住怒骂道："以前你经常暗骂程不识贫贱，如今我给你敬酒，你却和他说悄悄话！"来宾们看到如此状况，都先后告辞离去。

这时，窦婴也要离去，招手让灌夫走。田蚡大怒，让人将灌夫绑起来，随后又召来长史，说："今日邀请众人前来赴宴，是太后的命令。灌夫在喜宴上辱骂来宾，亵渎诏令，犯了不敬之罪。"随后，灌夫被打入大牢。接着，田蚡下令追查灌夫过去所犯的错误，判其斩首之罪，然后派人四处抓捕灌氏族人。

窦婴明白，灌夫醉酒闹事全是为了自己，所以他让人向田蚡求情，然而田蚡并未释放灌夫。

挺身而出，当庭辩论

为了尽早将灌夫营救出来，窦婴决定想新的方法。其妻劝他道："灌将军与田蚡交恶，也就是

▼（西汉）绞丝玉环
玉环周身饰绞丝纹，纹理转曲迂回，内外延伸。绞丝纹的雏形为索纹，即用绳索模印在原始陶器上的纹式，在玉器上雕琢起来难度极大。

少年读全景 资治通鉴故事 2

汉纪 上　　　窦婴舍身救友

◀（西汉）花蕾形佩
整体好像一个含苞待放的花蕾，一侧透雕一只凤鸟，凤鸟呈昂首曲体卷尾状，踏在花蕾的蒂叶上。

与太后一族交恶。你如何救得了呢？"窦婴说："魏其侯的爵位是我因功所得，如今就是失去它我也没有丝毫遗憾。但我无法眼睁睁地看着灌夫被杀。"随后，窦婴上书汉武帝。武帝召他入宫，窦婴将灌夫之事详细地告诉了武帝，认为灌夫罪不至死。武帝听后认为有理，便命其与自己一起进餐，并对他说："等会儿大家一起谈论此事吧。"

众臣到了后，窦婴尽数灌夫之功，说他如今只是酗酒失言。田蚡却极力诬陷灌夫，说他居功自傲、肆意妄为，犯有欺君之罪。窦婴认为无法在此事上诘难田蚡，于是转而说田蚡的短处。田蚡回应道："我确实很贪，也确实好色，喜欢珍馐佳肴、华装丽服。但我如此是因为如今是繁华盛世。"看二人争执不下，武帝问其他大臣："你们觉得他们二人谁更有理呢？"御史大夫韩安国是一个圆滑

之人，他说二人都没有错，希望武帝自己决定。汲黯则认为窦婴有理，内史大臣也认为窦婴有理，但他们担心田蚡报复便住口不言。其他大臣也都不敢表明意见。武帝怒骂道："你们以前经常评价窦婴和田蚡，现在公开谈论时却畏畏缩缩，我真恨不得将你们统统诛杀。"武帝说罢就前往太后处。

太后施压，惨遭杀害

太后听后，怒道："我如今尚在人世，就有人欺辱我兄弟，如果哪一天我魂归九天了，我兄弟定然会被他们当作鱼肉一样宰割。你作为九五之尊，怎么可以没有自己的主张呢！如今，皇帝尚在位，群臣便如此相互附和，一旦皇帝驾崩，还不知他们会做出什么事情呢。"武帝十分羞愧，对太后说道："双方皆为皇亲国戚，因此才让其随意辩论。否则，此事由狱吏处理即可。"

原来，景帝弥留之际，曾给窦婴留下遗诏，说他一旦遇上棘手之事可以直接向皇帝上书。如今，面对太后的强大压力，武帝必定会偏向田蚡。鉴于此，窦婴直接上书武帝，将景帝给自己留下遗诏之事说了出来，并请求武帝赦免灌夫之罪。武帝看到窦婴的奏疏中说有先帝遗诏，便马上派人去寻找，却没有找到遗诏的原稿，只是在窦婴家里找到了遗诏的副本。于是，窦婴遭到弹劾，被指犯有伪造先帝遗诏之罪。最后，窦婴被杀。

田蚡仰仗太后之威，肆意弄权，只为一桩小事，便诬陷窦婴，实在可恨！灌夫暴躁放肆，不仅害了自己，还牵连好友，实在可叹！不过，窦婴冒死营救朋友的举动的确值得后人称赞。

汉纪 上　　　理财能手桑弘羊

汉纪 上
理财能手桑弘羊

桑弘羊，汉朝重臣，生于商贾之家，年少时便以擅长心算闻名四方，十三岁时进入皇宫，此后担任过侍中、大农丞、治粟都尉大司农等职。在他的推动下，朝廷先后颁布了盐、铁、酒官营以及均输、算缗、平准、告缗、币制改革的经济法令，这些法令为推动大汉进入繁华盛世起了重要作用。

少年得志，担任农丞

桑弘羊出生于河南洛阳，家里靠经商维持生计。桑弘羊在小时候便有心算之才，十三岁时进入皇宫。从此以后，他在宫中担任侍中之职达二十年之久。侍中的主要职责就是为皇帝处理生活中的琐碎小事。不过，侍中也拥有特殊的权利——为皇帝提建议。

武帝登基后，决定出兵征讨匈奴。然而，战争耗资巨大，朝廷当时没有足够的财力。桑弘羊明白，无论财政如何困难，都要坚决反击匈奴。但若没有足够的财力，必定会影响战争，甚至可能导致反击匈奴的战争的最终失败。因此，只有快速解决朝廷的财政困难，才能消除武帝的后顾之忧。于是，桑弘羊认真研究了当时的现实情况，并从法家思想中汲取养料，最终找到了解决财政困难的办法。这个办法也得到了汉武帝的认同。

在汉武帝和御史大夫的全力支持下，朝廷开始推行桑弘羊制定的理财措施。

第一，发行白鹿皮币和白金币，减轻法定钱币重量。白鹿皮币是用白鹿皮做成的钱币，每张一尺见方，周围画上彩色花纹，一张白鹿皮币价值四十万钱。朝廷规定，王侯、宗室朝觐皇帝时，都要用白鹿皮币做礼品。其实，这相当于强迫王侯和宗室纳税。

第二，在陇西、西河、会稽等地迁入部分灾民，让他们在那里开荒。凡落户当地的移民，其衣食全部由朝廷提供。这对发展农业和巩固边境非常有利，还能增加国家的财政收入和增强国家的

▼（西汉）铜刀坯
方穿圆形，内有方环，接一刀币形柄，整个形状似一把钥匙。

汉纪 上　　▶▶ 理财能手桑弘羊

经济实力。

第三，推行算缗政策。缗就是缗钱，一千钱为一缗。算缗就是按缗计算税额的征税法，一算为一百二十钱。算缗政策的具体规定是：凡是从事商业活动者，按营业额交税，每二缗纳税一算；凡是从事手工业生产且自产自销者，按出售产品的价格交税，每四缗纳税一算；车船要征通过税，车辆通常纳税一算，商人则加倍，船身长五丈以上的纳税一算；凡是经商者，无论有没有户口都必须纳税，隐瞒不报或偷税漏税者一经查出便没收财产，并发往边疆服役一年，检举揭发之人奖励没收财产的一半。

通过桑弘羊的举措，国库日益充实，为武帝讨伐匈奴提供了财政支持。

公元前115年，武帝提拔孔仅担任大农令，让桑弘羊代替孔仅担任大农丞之职，主管朝廷的财政事务。担任此职后，桑弘羊的才能得到了更加充分的发挥。

整顿货币，盐铁官营

公元前113年，桑弘羊上奏汉武帝，希望朝廷对钱币制度加以整顿和改革。他在奏章中写道："所有郡国都不允许铸钱币，那些已经拥有铸钱权的郡国此后不得铸钱。铸钱权收归朝廷后，由上林三官统一铸造，其所铸之钱称为三官钱或上林钱（三官就是指水衡所属的钟官、辨铜令、技巧官）。以前发行的所有钱币都废除并熔毁，熔毁后的铜送到三官，由三官分别负责原料、技术和铸造，以三官所铸之五铢钱作为全国唯一通用的钱币。"

汉武帝采纳了这一建议，并下令在全国范围内实施。此后地方王侯私铸的劣质钱就很难流通了。这样一来，市场稳定了，朝廷的财政收入也增加了。

后来，汉武帝任命桑弘羊为治粟都尉，同时代理大农令，主要负责处理国家的经济事务。之前，孔仅和东郭咸阳先后担任过大农令，但是他们留下了许多问题，如盐铁质量低劣、价格昂贵等。桑弘羊担任治粟都尉并代理大农令后，对盐铁制度进行了大刀阔斧的改革。他设置大农部丞数十人，分区主管各郡国的盐铁、均输，代表朝廷执行相关经济举措，同时对原来的盐铁官进行审查，将那些混在其中进行破坏活动的商贾彻底清除。此外，在全国的二十八郡分别设置盐官，在全国的四十郡设置铁官。此后，盐铁官营工作便顺利地开展起来了。

公元前100年，汉武帝正式下诏，提升桑弘羊为大司农，当时他已五十多岁了。

几年后，桑弘羊将酒类专卖的举措推广到全国。酒是用粮食酿造的，在当时粮食稀缺的情况下，为保证军民用粮，禁止用粮食酿酒的举措非常有必要。文帝统治期间曾下令禁止酿酒，同时规定，三人以上无故聚众喝酒，就要罚四两黄金。桑弘羊沿用了这一政令，一方面是想节约粮食，保证军需供给，另一方面是想垄断卖酒利润以充实国库。

为了让皇帝掌握全国的经济大权从而解决朝廷的财政问题，桑弘羊在汉武帝的支持下，制定推行了一系列经济政策，如盐铁官营、酒类专卖、统一货币等。桑弘羊也由此成为汉武帝建立盖世功业的主要助手之一，其功堪比卫青、霍去病。

▲（西汉）万石仓印
长15厘米，宽12厘米，木制品，为西汉时管理粮食的仓印，印面平整，刻有"万石"二字。

少年读全景
资治通鉴故事 2

▶▶ 汉纪 上　　▶▶ 巫蛊之祸

汉纪 上
巫蛊之祸

汉武帝是我国历史上具有雄才伟略的一位皇帝。他是一个英明睿智的君王，但也是一个迷信神仙方士的普通人。武帝晚年病魔缠身，体质衰弱，一心寻求长生不老药。奸臣江充便借此欺骗武帝，以鬼神之说败坏朝纲，最后导演了一场遗臭万年的悲剧——巫蛊之祸。

后宫相争，巫蛊之术盛行

汉武帝在位期间，社会上非常流行一种叫巫蛊的巫术。所谓巫蛊，就是巫师将用桐木做的人偶埋在地下，诅咒自己所恨之人。做这种事情的人认为，此术可使被诅咒者遇上灾难。

武帝在位时后宫嫔妃很多。这么多嫔妃只服侍一个喜新厌旧的皇帝，难免会争宠暗斗。当时宫中的迷信气氛十分浓厚，那些想得宠的嫔妃经常暗地里制作受宠嫔妃的木偶、雕像并埋在地下，反复诅咒。

汉武帝元光年间，皇后陈阿娇因受到了武帝的冷淡而以巫蛊之术诅咒当时武帝宠幸的卫子夫。武帝得知此事后，诛杀了参与此事的三百多人，主谋陈皇后则被打入冷宫，最后抑郁而亡。

自此以后，武帝下令禁止使用巫蛊之

▶ (西汉) 错金博山炉
博山炉是中国汉魏时期常见的焚香用器，炉体呈豆形，上有盖，盖高而尖，镂空，呈山形，山形重叠，其间雕有飞禽走兽，象征传说中的海上仙山——博山。

术。但是，巫蛊之术流传较广，并未完全消灭。武帝晚年受疾病困扰，终日精神恍惚。于是，他开始怀疑自己的病乃是因为他人对自己使用了巫蛊之术。

奸臣挑弄，祸害无辜

丞相公孙贺的儿子公孙敬声在朝廷任太仆之职。公孙敬声倚仗自己是皇后的外甥，在朝中横行霸道。后来，公孙敬声私自挪用军费，被打入大牢。公孙贺千方百计营救儿子出狱。

当时，恰逢阳陵侠客朱安世犯案。于是公孙贺上书武帝，希望通过抓捕朱安世来为子赎罪，武帝同意了。公孙贺果真抓住了朱安世，朱安世知道公孙贺抓捕自己是为子赎罪，便说："丞相想害我，恐怕自己要先被灭族了！"随后，朱安世上书揭发公孙敬声与武帝之女阳石公主私通之事，而且说公孙敬声让巫师诅咒武帝。武帝看后怒不可遏，马上派人逮捕公孙贺，最后公孙贺父子一起死在狱里，而且还被灭族。同时，此事其他的牵连者，如阳石公主、诸邑公主和卫青之子卫伉也被诛杀。

审理完公孙贺之案后，武帝病情加重，长期居住在长安远郊的甘泉宫中，将朝政交与太子刘据处理。江充过去陷害过太子，看到武帝年老体衰，担心太子即位后报复自己。在丞相刘屈氂

少年读全景 资治通鉴故事 2

汉纪 上　　巫蛊之祸

▲（汉）《仙人六博》画像砖

"六博"（两人相博，每人六枚棋子，故称六博）是一种汉代非常流行的游戏。图中，一人俯首凝视，一人双手高举，作惊愕状，生动地展现了六博时的情景。

的唆使下，江充决定先下手为强，以"巫蛊"之罪陷害太子，消除自己的后顾之忧。

一次，江充对武帝说："现在陛下病魔缠身，肯定是有人将小木人埋于地下诅咒您。您要想恢复健康，就必须找到小木人，诛杀策划者。"武帝马上派江充负责处理此事。江充带人在各地逮捕所谓的嫌疑人，然后严刑拷打逼供。被拷打的人无法忍受，不得不承认强加给自己的罪名，并供出江充等人所指的同党。江充通过这种手段，将许多人按"大逆不道"罪处斩。这场大屠杀从长安波及各地，为此死于非命的人有数万人。全国都陷入了恐慌之中。

江充见时机已到，便拿出了撒手锏。他指使巫师上书武帝，说宫中充满了巫蛊之气。武帝极为吃惊，立即让江充、苏文、韩说、章赣四人一起入宫巡查。江充让人从失宠嫔妃的住所开挖，随后逐渐延伸到皇后和太子的居所，皇宫一片狼藉。最后，江充扬言在太子宫中挖出了许多桐木人，还挖出了写有叛逆之言的帛书。太子听闻后非常恐惧，准备向武帝说清缘由。但在江充的阻挠下，他根本无法面见武帝。于是太子按照老师石德之计，让人扮作武帝的使臣，斩杀了江充等人。

江充死后，太子拿着符节连夜赶往未央宫，将具体情况告诉了皇后卫子夫。同时，他召集宫中卫士和车马，打开长乐宫的兵器库，号令宫中武士捕杀江充亲信。刹那间，京师陷于混乱之中。

武帝听说太子造反，大怒。他急忙赶往长安城西的建章宫，亲自指挥士兵反击太子，并派人收回卫皇后玺，迫使皇后卫子夫饮恨自尽。随后，双方在长安城内连战了五天，死伤数万人，太子刘据最后兵败自刎。

后来，汉武帝清醒过来，派人重新调查此事。一年后，真相查明：卫皇后和太子宫中根本就没有桐木人，这一切都是江充所为。武帝也明白了太子是受江充等人逼迫才铤而走险发兵反叛的，太子根本没有谋反之意。武帝十分心痛，不久下令建了一座思子台，以表示自己思念太子之意。

作为武帝末年发生的重大惨案，巫蛊之祸与武帝迷信鬼神、宠幸佞臣密切相关。而江充作为此案的罪魁祸首，其死罪有应得。如果不是他诬陷太子，就不会发生父子相残的惨剧。

少年读全景
资治通鉴故事 2

汉纪 上 　　霍光辅政

汉纪 上
霍光辅政

霍光与霍去病是同父异母的兄弟，他辅佐武帝达三十年之久，是武帝当政后期的重臣。武帝去世后，他受诏辅佐汉昭帝，独揽朝政大权，为安定和中兴汉室江山做出了巨大贡献。霍光为人稳重，勇猛果断，唯才是举，毕生忠于朝廷，是一位谋略出众的政治家。

武帝宠幸，临终托孤

霍光，字子孟，河东平阳人。他和霍去病同父异母，霍去病把他带到京师，并让他在自己手下担任郎官，不久将其晋升为诸曹侍中。霍去病去世后，霍光被提拔为奉车都尉，与光禄大夫享同等待遇。霍光处事稳重，因此深受武帝信任。

公元前91年，武帝重病缠身，便立刘弗陵为太子并计划令霍光辅佐。后来武帝在病床前留下遗诏：自己驾崩后，由霍光、金日磾、上官桀和桑弘羊共辅少主，其中霍光担任大司马大将军，位列三公之上。与此同时，武帝让人画了一张《周公背成王朝诸侯图》交与霍光，其意就是让霍光全力辅佐太子刘弗陵。为了避免太子之母钩弋夫人学吕后把持朝政，武帝找了个借口处死了钩弋夫人。

后来，武帝驾崩，太子刘弗陵登基为帝，史称汉昭帝。昭帝年幼，无法亲政，朝政大事全部由担任大司马大将军的霍光处理。霍光身为顾命大臣，自知责任重大，因此做事严谨慎重，全力辅佐昭帝。

挫败政敌，稳固地位

霍光辅政后，左将军上官桀想将自己的孙女许配给汉昭帝做皇后，但被霍光拒绝了。不过，此后上官桀在汉昭帝之姐盖长公主的帮助下，还是让孙女当上了皇后。不久，上官桀与其子上官安欲封盖长公主的亲信为侯，霍光没有同意。就这样，上官桀父子和盖长公主对霍光非常痛恨。此后他们串通燕王刘旦，准备诬陷霍光。

汉昭帝十四岁时，有一天，霍光在巡查完羽林军后，将一名校尉调到自己的大将军府里。上官桀等人以此事为借口，伪造了燕王的奏章，然后派人冒充燕王的使者，把奏章上交汉昭帝。

▲汉昭帝像
汉昭帝八岁即位，在霍光的辅佐下，沿袭武帝末年的富民政策，对内轻徭薄赋，对外与匈奴和亲。可惜的是，他还没来得及施展才能，便于公元前74年病逝于长安，年仅二十一岁。

汉纪 上　　霍光辅政

◀（西汉）龙纹鍪
鍪为青铜炊器，流行于汉代。此鍪侈口，高颈，鼓腹，圜底，颈腹间一侧设环形鋬，一侧置中空方形柄，柄上有半环形小鋬，颈部装饰一周三角几何纹，腹部装饰一周龙纹。

奏章的大意是：霍光在巡查羽林军时，乘坐的车马与陛下相同，此外他私自调用校尉，其中必有阴谋，我希望离开封地，赶回长安护卫陛下，以免恶人反叛。

次日，霍光上朝时，听说燕王刘旦上奏皇帝说自己有不轨之心，吓得他不敢入朝堂。汉昭帝让人召霍光进见。霍光进去后，马上脱帽伏地，向皇帝请罪。汉昭帝说："大将军整理好衣冠吧，我明白这是有人诬陷你。"霍光磕头道："陛下是如何知晓的？"汉昭帝说："这很容易看出来。你巡查羽林军时，人在长安，而调用校尉也是最近几天的事情。燕王在北方驻扎，如何得知此事？即使他知道，立即上奏章送到朝廷，奏章也无法在几日之内到达长安。何况大将军若要反叛，也没有必要调一个小小的校尉。所以说此事乃是有人诬陷大将军，燕王的奏章肯定是伪造的。"

霍光与群臣听后，非常佩服这个年仅十四岁的聪慧皇帝。此信确是上官桀父子、盖长公主等合谋伪造的。他们认为昭帝年龄小、容易骗，不料却被昭帝一眼看穿。他们担心东窗事发，于是就劝昭帝道："此乃小事一件，陛下没有必要深究。"昭帝表示不再追究此事。不过，自此汉昭帝便开始怀疑上官桀等人。

上官桀等人并未就此罢手，他们经过商讨，决定由盖长公主出面邀请霍光赴宴，随后埋伏刀斧手，准备在霍光赴宴时将其杀害，接着让人通知燕王刘旦，叫他赶往长安。上官桀准备先杀霍光，然后再将昭帝废黜，自立为帝。

不料，此计谋败露，结果上官桀父子全族被诛杀，燕王和盖长公主则自尽了。此事过后，霍光独揽朝政大权。

昭帝在位期间，霍光延续了武帝末年推行的休养生息的政策，国家安定，百姓富足。同时，汉朝与匈奴的关系也得到了恢复。当时所推行的种种举措使武帝末年混乱的局面得到了初步控制，同时也使社会经济得到了恢复和发展。

辅佐宣帝，病重而终

公元前74年，昭帝驾崩。昭帝无子，霍光只得从刘氏皇族中寻找皇位继承人。

这时，群臣都推荐昭帝的兄长广陵王刘胥，希

汉纪 上　　霍光辅政

望让其继承皇位。但霍光认为刘胥以前就是因为无才无德才不讨武帝喜欢，现在自己担当顾命大臣，绝不能选立一个无才无德的皇帝。于是霍光冒着开罪群臣的风险，在与皇太后商议后，决定让汉武帝之孙昌邑王刘贺继承皇位。

然而，当刘贺来京后，霍光却发现刘贺竟然是一个骄奢淫逸的纨绔子弟。霍光感到非常生气，认为自己立错了皇帝，愧对武帝，于是便暗地里和大臣田延年商议挽救之策。

田延年说："你是顾命大臣，现在已经知道刘贺无法胜任皇帝之职，那就应该立即上报太后，废黜刘贺，随后再选立贤德之人即位。我建议你学习商朝的伊尹，伊尹最初立太甲为王，后来发现他十分暴虐，于是就将其软禁三年，由自己管理政事，待太甲改过自新后，才还政于太甲。为了大汉江山，你应该以伊尹为榜样。"

霍光听后有些犹豫，他担心此举不合礼法，因此又找其他大臣商议此事。经过讨论，群臣一致认为应该废黜刘贺。随后，霍光带领朝臣前去面见太后，并告诉了太后想要废黜刘贺的原因。就这样，刚坐了二十七天龙椅的刘贺被废了。

国不可一日无君，因此朝廷急需选立新的皇位继承人，霍光为此深感为难。这时，光禄大夫邴吉建议霍光选立曾流落民间的汉武帝曾孙刘询继承皇位。邴吉告诉霍光，刘询德才兼备，堪当大任。

霍光和群臣商议后将此事上报太后，接着便将刘询迎接回宫，让其继承皇位。刘询就是日后中兴汉室的明君汉宣帝。汉宣帝登基后，霍光仍然辅佐皇帝治理国事。

公元前68年，霍光病故。

作为一位杰出的政治家，霍光主政多年，对朝廷忠心耿耿，全力处理内外政事，为巩固大汉江山立下了汗马功劳。

▼（西汉）鎏金熊形青铜镇

此镇呈熊形，昂首张口，长嘴直伸，双目前视，短耳竖起，前肢自然上举，后肢弯曲。魏晋以前，人们在室内都是席地而坐，为了避免起身时折卷席角，遂于其四隅压镇。

少年读全景 资治通鉴故事 2

▶ 汉纪 上   ▶▶ 傅介子计斩楼兰王

汉武帝在位期间，一些西域小国串通匈奴，杀害汉朝使节，背叛汉廷。在此背景下，汉廷为了巩固威权、安定西域，便派傅介子出使西域。傅介子一到西域，便果断地智斩楼兰王。此举极大地震慑了西域诸国，同时也有力地增强了汉朝对西域诸国的影响。

汉纪 上
傅介子计斩楼兰王

▶（西汉）火炬形金饰件
高7.5厘米，其主体是火球，上面冒着旋涡状的火焰，下有按把，可以固定在物件上。这是古代一种象征光明的金饰。

申奏朝廷，震慑邻国

傅介子，甘肃庆阳人，自幼便力大无穷，勇武超群。当兵后，他曾多次参加汉军反击匈奴之战，立下了赫赫战功，后来被提拔为骏马监。

当时，楼兰原国王病故，新国王继位。按照惯例，楼兰新国王送了一子到长安作为人质，但同时也送了一子到匈奴作为人质。此时，汉朝和匈奴在西域一带处于对峙中，双方势力相当。不久，楼兰新国王病故，匈奴最早探知信息，便立即让在匈奴做人质的楼兰王子返回楼兰继承王位，这位楼兰新王便是尝归。

尝归曾在匈奴做人质，因此继承楼兰王位后，便倒向了匈奴。当汉廷让其入朝觐见时，他竟然一口拒绝，并说："由于刚刚继承王位，需要处理许多国事，待处理完毕后才能前去觐见陛下。"他当政期间，汉使和汉朝光禄大夫等人曾在楼兰国被杀。此外，楼兰国还多次劫杀赴汉的安息国使臣和大宛国使臣。

昭帝闻听此信后，马上下诏让骏马监傅介子处理此事。这时，傅介子正在前往大宛的途中。接到命令后，他决定在经过楼兰国时质问楼兰王。

到达楼兰国后，傅介子当面质问尝归，尝归发誓以后绝对不会再发生类似事件。为了逢迎傅介子，尝归还说匈奴使者已经到了龟兹国。傅介子到达龟兹国后，得知匈奴使者又去了乌孙，于是马上趁隙赶往大宛国。当他从大宛返回龟兹国后，听说匈奴使者也刚返回龟兹，于是马上率队围杀了匈奴使者。

傅介子回朝后，朝廷晋升其为平乐监。

不惧危险，勇闯楼兰

公元前77年，傅介子向霍光建议："楼兰和龟兹虽然国小，但对我朝却三心二意，因此我认为应该对其进行处罚。下官愿意前去处理此事。"霍光说："龟兹距离我朝太过遥远，建议你先到楼兰，看看情况再说。"

随后，傅介子率领一队士兵以及众多财物离开长安。傅介子到达楼兰后，马上要求拜见楼兰王，然而很久都没有回音。傅介子于是想到一个计策，他对楼兰的接待官说："我所带的金银财宝本想赠送给楼兰王，如今见不到楼兰王，那我只有到其他国家去了。"边说边将所带的金银财物让大家看。楼兰的接待官员们看到傅介子确实有许多金银财物，便极力挽留傅介子，随后立即上报楼兰王。

▶▶ 汉纪 上　　▶▶ 傅介子计斩楼兰王

事实上，楼兰王非常喜欢汉朝的财物，但他担心上傅介子的当，所以一直不愿接见。如今听说傅介子要带着财物离开，实在禁不住诱惑，便在王宫宴请傅介子等人。在宴会上，傅介子边展示带来的财物边与楼兰王喝酒。喝到三分醉时，傅介子对楼兰王说："我朝皇帝有些话让我私下里告诉大王。"楼兰王便起身让傅介子跟他前往后帐，傅介子的部属也一起跟了进去，他们趁楼兰王不备，拔刀刺死了楼兰王。随后，傅介子来到楼兰王宫里，当着众官之面说楼兰王轻视汉廷，因此汉朝皇帝让我前来将其斩杀。

一切处理妥当后，傅介子带着楼兰国王的人头返回了汉廷。闻听此事，朝臣对傅介子的勇敢、机智非常敬仰。傅介子此举使大汉天威远播西域。

此后，朝廷颁下诏书："楼兰国王在我大汉与匈奴之间三心二意，而且甘当匈奴走狗，刺探我大汉军情，并让匈奴发兵攻杀我汉使，还将安息、大宛等国使臣的旌节、印信和送给汉朝的贡物扣留，可谓险恶至极，天理难容。平乐监傅介子为了朝廷的利益，前往楼兰国将楼兰国王斩杀，以表明邪不胜正，不过这和楼兰国民无丝毫关系，我朝绝不会侵扰你们。"随后，昭帝册封傅介子为义阳侯。

作为一位智勇双全的外交家，傅介子无所畏惧，前往楼兰。虽然遇到重重险阻，但他仍能机智应对，最后闯入敌营，斩杀楼兰国王，让大汉雄风威慑西域。

▲（西汉）张掖都尉棨信
这片长21厘米、宽16厘米的长方形红色丝织物，是汉代官员使用的旗帜。上面写有官员的官名，是边防地区使用的通行证。

▼楼兰古城遗址
楼兰是古丝绸之路上的一个小国，古城遗址地处新疆巴音郭楞蒙古自治州若羌县北境、罗布泊的西北角。

汉纪 上　　尹翁归不徇私情

汉纪 上
尹翁归不徇私情

尹翁归辅佐过昭帝和宣帝，在朝廷为官达二十年之久。他对强权无畏无惧，坚持依法行事。他严格治理属地，大力整顿社会秩序，对肆意妄为的地主豪强从严处罚。他一生中，自始至终都保持着清正廉洁、公正执法、大公无私的精神品质。因此，他在当时以及后世都享有盛誉。

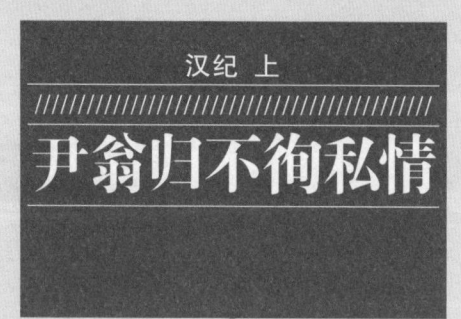

初入仕途，重臣赏识

尹翁归，字子兄，祖籍山西临汾，自幼丧父，随叔父一起生活。后来，他做了一名狱吏。

尹翁归精通文法，剑术出众，再加上他聪慧能干，很快便被提升为平阳市吏（管理市场的小官员）。虽然只是个小官，但他却非常敬业，从不以权谋私。他依法行事，不徇私情，不受贿赂，因此商户们对他十分敬重。

当时，霍光主管朝政事务，所以霍氏一族飞扬跋扈、无恶不作。霍家的仆人仗势欺人，常常带着兵器扰乱市场，当地官员慑于霍光之威，便不敢阻拦他们。尹翁归上任后，依法治理，毫不留情，结果这些霍氏奴仆再也不敢欺行霸市了。

后来，霍光部属田延年被任命为河东太守。他在视察地方时来到平阳，并让平阳故吏都聚集起来，欲从中挑选一些贤才。经过一番考察后，田延年选中了尹翁归，让他担任郡里抓捕盗贼的官，并随自己到郡府帮助自己处理公务。随后，尹翁归当上了平阳郡捕凶缉盗的小官。在此期间，尹翁归充分发挥了自己的才能，处理重大案件时都能做到因果有序、条理清晰，不让罪犯漏网，不使百姓受冤。

田延年认为自己的刑狱之才不如尹翁归，所以非常青睐尹翁归，不久便提升他出任督邮之职。在汉代，督邮的主要责任就是处置下辖地县的违法者。当时，河东郡下辖有二十几个县，尹翁归主管汾南县的治安和吏治。上任后，他严厉打击汾南的贪官污吏和地主豪强，所有刑罚都依法而定，定罪合理。因此，其下辖官吏对他非常怨恨，却无可奈何。

由于尹翁归清正廉洁，因此田延年又先后推荐他出任缑氏县县尉、河南郡郡太守等职。尹翁归每次上任后，都把辖地管理得井然有序。

此后，尹翁归被朝廷提升为都内令，主管长安的行政事务。不久由于为官清廉，他又被朝廷任命为弘农郡都尉。

不徇私情，刚正执法

汉宣帝登基后，晋升尹翁归为东海郡太守。赴任前，尹翁归拜别廷尉于定国。于定国本是东海郡人，因此想让尹翁归照顾他的两个同乡后辈，所以事前让这两个同乡在后堂等候，准备待

◀（汉）蟠螭纹三足石砚
出土于陕西天水，直径13.4厘米，由砚底和砚盖两部分组成，砚盖双螭盘绕，砚底由三足支撑，每足外层浮雕一个兽头，是汉砚中的佳品。

> 汉纪 上　　▶ 尹翁归不徇私情

尹翁归来后加以引见。

尹翁归来后，两人整整谈了一天，但于定国始终不敢让那两个同乡出来拜见尹翁归。尹翁归走后，于定国对那两个人说："他是一个好官，你们的能力不足以当他的下属，再说他也不会因私废公。"

尹翁归抵达东海郡后，还是按照过去的方法，一面整顿吏治，镇压地主豪强，一面设法维护百姓的利益。他经常独自出去走访，因此十分了解各地官员和百姓的具体情况。除此之外，他对各地不法之徒的犯罪事实也都掌握得非常清楚。他命令地方官员将本地的贪官污吏和暴民的犯罪事实详细地登记在册，然后亲自审理判决，改变了以往由当地县令处理的方式。他之所以这样做，就是为了防止当地官员和罪犯同流合污。

每次发生重大案件后，尹翁归都故作轻松，以麻痹案犯，待案犯放松警惕后，他便开始按名册将其一一抓获，从未失手过。尹翁归对付罪犯的方法非常多。他严厉惩罚罪犯，时间总是选在秋冬之际，因为这时各地官吏正在巡视各县，尹翁归是想杀一儆百。所以那些经常祸害地方、欺压民众的官员以及地主豪强在此时都十分惶恐，均有所收敛，不敢胡作非为。

对于那些为非作歹的当地恶霸，尹翁归都依法处理，决不放纵。在东海郡郯县，有个叫许仲孙的地主，目无法纪，欺行霸市，危害地方，众百姓对其敢怒不敢言，当地官员也对他无计可施。尹翁归到任后，果断地将其处死。此举震惊了全郡百姓，当地地主豪强无不胆寒。

政绩卓著，美誉满朝

汉宣帝掌权后正准备提拔政绩突出的官员入朝任职。他发现尹翁归是一个良吏，便将其调入

▲（西汉）单层五子漆奁
这件圆形单层五子漆奁是一种盛放镜子的容器，出土时发现一面裹在镜衣中的青铜镜，还有箧、梳、笄、镊等梳妆物品。

朝廷出任右扶风一职。

尹翁归上任后，立即提拔了一批清正廉洁的官员。此外，他还沿用治理东海郡的方法，在辖地内各县分别设立各类案犯的档案。如果发生了偷盗案，他便将当地官员找来，然后把案犯的名字告诉当地官员，让当地官员用类推法追查案犯的行踪，最后追查到的结果，与尹翁归的推断一般都是一致的。

在尹翁归看来，处理为非作歹的地主豪强是最重要的事情。给地主豪强定了罪之后，他就马上将罪犯押送到管理牲畜的官员那里，让罪犯为牲畜割草，同时还规定了完成的时间及数量，并明令禁止他人代替，如果不能按时完成，就加重处罚。有些地主豪强无法忍受这种工作，最后就自尽了。尹翁归对地主豪强的惩罚非常严厉，对平民的惩罚则较为宽松，也就是古人所说的"缓于小弱，急于豪强"。这体现了他关爱百姓、痛恨地主豪强的感情。

尹翁归在任期间，对地主豪强和贪官污吏进行了严厉打击。他之所以敢这样做，关键就在于他自己是一个清正廉洁、大公无私的官员。正因为自己无私，他才能做到对他人无畏。

即便政绩突出，平时在与他人的交往中，尹翁归也从不居功自傲、以权压人，他谦虚温和，善于纳谏，因此在朝中广受敬仰。

汉纪 上　　尹翁归不徇私情

公元前62年,尹翁归病故。他逝世时,家中十分贫寒,基本没有什么财物。

汉宣帝对尹翁归非常满意,他对御史大夫说:"朕时时刻刻都渴望得到贤能之士。朕任用官员的标准就是可以安抚百姓。尹翁归清正廉洁,政绩突出,只可惜他过早离世,无法继续为国效力,朕深感心痛。"随后,汉宣帝下令赏赐尹翁归之子大量财物,让他精心祭奉其父。

正所谓将门出虎子,尹翁归的三个儿子为官时也都清正廉洁、大公无私。

▼（汉）青玉龙螭衔环谷纹璧

汉纪 上　　贤相邴吉

汉纪 上
贤相邴吉

邴吉，汉宣帝时丞相，他最初只是一个监狱官，但通过不懈努力，最终登上了相位。他一直尽职尽责，勤学不辍，胸有治国良谋。出任丞相后，他始终都是宽和大度，谦虚有礼，体贴部下，从而使相府大小官员团结一致，全力为朝廷办事，而他也由此成为一代名相。

有功不夸，身登相位

邴吉，字少卿，山东人。他从小便开始学习刑律，最初曾在鲁国的监狱中任职，后来由于政绩卓著被提拔为廷尉右监，不久因遭案件牵连被贬回原地。巫蛊之祸发生时，他又被召进长安，主要负责治理巫蛊案件。

昭帝死后，宣帝继位。宣帝丝毫不知邴吉对自己有过救命之恩，而且他还派人抚养了自己好多年，因此只是册封他为关内侯。后来，有个女子上书朝廷，说自己曾抚养过宣帝，并表示邴吉可以为他作证。邴吉得知此事后对她说："你确实抚养过宣帝，但你非常不尽心，还因此被我惩罚过，你说你究竟有何功劳？"宣帝这才知道邴吉以前就对自己有恩，但却绝口不提。由此宣帝认定邴吉是一个贤德之人。

随后，宣帝下诏册封邴吉为博阳侯。受封之日，邴吉却患病在床，无法上朝。宣帝怕邴吉突然病故，便决定立即加封其爵，以表示自己对他的宠幸。然而邴吉却觉得自己无法担此要职，所以数次拒绝。

邴吉病好后，便上书宣帝道："臣才识浅薄，却受陛下万般恩宠，真是惭愧之至啊。"宣帝听后非常激动，对邴吉道："朕之所以赐封爱卿侯爵之位，并不是为了报答救命之恩而给你一个虚名，而是因为爱卿确实为我大汉朝做出了贡献。但是你却屡次上奏拒绝，朕如果批准了你的请求，那天下人将会说朕忘恩负义。如今国泰民安，天下太平，爱卿就静心休养吧。"闻听此言，邴吉不得不接受了册封。

崇尚宽大，关怀下属

后来邴吉接任魏相担任丞相。邴吉担任丞相后，处事宽和，从不因小过而责难下人。对犯错误的官员，他也总是尽量掩过扬善，让他们知错能改。

一天，一个醉酒的车夫为邴吉驾车，但却在车上吐了。车夫的上司要辞退车夫，邴吉却说："如果别人知道他因醉酒而被辞退，那么以后就不会有人再雇他驾车了。他只是把我的车垫弄脏而已，就算了吧。"车夫对邴吉感激万分。

那个车夫来自边疆，因此非常清楚边地传递文书之事。有一天，他出外办事时看到朝廷传递信息的人背着红、白两色袋子急速而来，明白边地

▲（西汉）云纹漆平盘
高4厘米，口径57.8厘米，1973年出土于长沙马王堆三号汉墓。

少年读全景
资治通鉴故事 2

▶▶ 汉纪 上   ▶▶ 贤相邴吉

肯定发生了战事，于是跟到官衙打听消息。果不其然，胡人率军侵入了云中郡、代郡。车夫回府后，立即将此事上报了邴吉，并说："云中郡、代郡的许多官员年老体衰，我担心他们突然碰到这种情况，必定无法应对。"邴吉认为很有道理，便马上召见吏部官员，询问云中郡和代郡的情况。

就在这时，宣帝宣丞相和御史大夫急速进宫商议此事。邴吉分析得有理有据，宣帝十分满意。而御史大夫事先根本不知敌寇入侵之事，结果一问三不知，受到了宣帝的严厉责骂。

为此，邴吉经常感慨地对人说道："人要学会宽容，任何人都有自己的长处，我们不能只盯着别人的短处和错误。以此事为例，如果不是车夫事先告知我详情，我绝对不会知道，当然更不会受到陛下的嘉奖。"

不问小事，抓住根本

邴吉最初只是一个小狱吏，后来逐渐登上相位。他终生勤学不辍，一直都在苦学儒术，因此精通治国之策。身为当朝丞相，他自然清楚自己的责任就是辅佐皇帝、管理群臣以及处理全国发生的大事。

一天，邴吉坐车外出，在路上看到许多人打架，将路堵塞了，邴吉让随从不要插手，绕道而行。过了一会儿，邴吉看见有人正在追一头牛，那头牛喘息不止。邴吉马上让随从停车，并让人前去询问追赶牛的人这头牛跑了多远。邴吉的随从们感到好奇，问："相爷，刚才一大群人斗殴你不让插手，现在为何又询问这头牛跑了多远？"邴吉说："打架斗殴之事，该由当地官员处理。我作为丞相，主要责任是考察官员政绩，然后上报皇帝，让皇帝对其进行赏与罚。至于询问牛跑了多远，自然有原因。如今还属于早春，天气比较凉爽，如果这头牛只跑了很短的距离便气喘吁吁，便预示着今年气候比较反常，恐怕对农事有影响，因此我才让人去问。"众人听后，对邴吉更加敬仰。

邴吉任相期间，全国官吏分工明确，兢兢业业，社会政治非常清明。

公元前55年，邴吉去世。

作为皇帝的主要助手之一，邴吉明白自己的主要职责就是辅助皇帝处理民生事务，因为民生事务关系到国家的稳定和繁荣，也关系到老百姓的生活和福祉。处理国事时，邴吉纵观全局，关注民生疾苦，大气但不失细心，善断但不失聪慧。邴吉性格稳重，谦虚谨慎，从不自夸；同时他也推崇宽和，重视礼让，推行仁政。

邴吉当官期间，从不苛刻对人，从不以权欺人，从不以言伤人，因此受到人们的广泛敬重。

◀（西汉）三牺纽银豆
高11厘米，口径11.4厘米，是用银片模压成型的食器，底足与顶部的3个铜兽纽用青铜铸造而成。

汉纪 上　　赵充国安边

赵充国安边

古羌族人居住在我国的西北地区，以游牧为生。汉朝时，羌族形成了十几个小部落，分散在四川北部、甘肃西部和青海大部分地区。汉宣帝执政后，羌人经常侵扰汉境。鉴于此，汉将赵充国发明了屯田法，并依靠此法最终战胜了羌族部落，维护了汉朝西北边境的安宁，同时也促进了汉朝边境的农业发展。

军功显赫，保疆有功

赵充国，字翁孙，祖籍甘肃天水，性格稳重刚毅，目光长远。年轻时，他一面学习兵法，一面钻研军事。长大后他便当了骑兵，后来由于精于骑射，被调到羽林军。

汉武帝时，赵充国跟随李广利出兵匈奴，但汉军不慎被匈奴军围困，粮草日渐减少，将士伤亡日益严重。赵充国发现匈奴军只是围困汉军，并不攻打，看来是想逼降汉军。鉴于此，他建议李广利率军全力突围。于是，李广利令赵充国率领一百多名士兵开路，自己则率主力军紧紧相随，最后汉军突围而出。

此战赵充国身受几十处伤，李广利上报武帝为其请功。随后武帝亲自召见了赵充国，称赞他是一名勇士，并提拔他为中郎兼车骑将军长史。

昭帝登基后，任命赵充国为中郎将兼水衡都尉。不久，匈奴派骑兵侵略汉境，赵充国率军反击，将匈奴西祁王生擒活捉，因功晋升。

公元前74年，昭帝去世。赵充国由于参与了迎立宣帝继承皇位的事件，被册封为营平侯，不久，又被任命为蒲类将军，率领骑兵由酒泉出击匈奴。按原计划，他应该和乌孙军会师后在蒲类泽攻击匈奴军，但乌孙军却未等汉军到来便先行撤军而去。随后，赵充国率军向北疾行一千八百多里，斩杀数百匈奴人，抢夺七千多头牲畜。赵充国返朝后，朝廷将其提升为后将军。

不久，匈奴派出十多万骑兵入侵汉境。正好此时有个匈奴人归降了汉朝，他就把匈奴出兵的消息上报了朝廷。随后，朝廷便派赵充国率领骑兵守卫边境九郡：云中、代郡、北平、上谷、五原、朔方、雁门、定襄、渔阳。匈奴单于闻听此信后，立即撤兵而回。

▲（西汉）豹纹铜牌
长4.5厘米，宽4厘米，器物上的图案为身上有六个圆涡纹的金钱豹，豹子作团蜷状，嘴里咬着自己的尾巴。

少年读全景
资治通鉴故事 2

▶▶ 汉纪 上   ▶▶ 赵充国安边

老当益壮，平定西羌

公元前63年，在匈奴的唆使下，西海地区的羌族部落出兵攻击汉军，结果使汉军陷于困境。宣帝让光禄大夫义渠安国前去巡查羌族部落。羌先零部落首领杨玉希望朝廷可以让他们渡过湟水，到汉民不种田的地方放牧。义渠安国便上书朝廷报告此事。但是，赵充国认为羌人此举必定有诈，因此上书反对此事。于是，宣帝将义渠安国召回，并明确拒绝了羌人的要求。先零部落于是联合羌族其他部落渡过湟水，当地郡县都无力反击。这时，匈奴便欲串通羌人，希望继续侵略汉朝西部。汉朝派军前往浩亹镇压，但被羌军击败，死伤惨重。

公元前61年，宣帝决定出兵平叛。当时，赵充国已是古稀之年，宣帝认为他年老体衰，无法出战，便让邴吉前去征求赵充国的意见，看何人可以率军出征，赵充国答道："我是最合适的人。"宣帝又派人去问："老将军觉得需要多少兵力可以平叛？"赵充国答道："征战之事无法空想，必须亲自到战场观看才有对策。陛下授命于我，敬请放心。"宣帝批准了。

▶（西汉）四牛鎏金骑士铜贮贝器
出土于云南晋宁石寨山，高50厘米，盖径25.3厘米。该器为典型的束腰圆筒形贮贝器类，腰部两侧各饰一虎形耳，虎作向上攀爬状，逼真生动。器盖外层雕铸四头公牛，牛角长而弯，显得膘肥体壮；器盖里层的圆柱形物体上立着一个骑士，骑士全身鎏金，显得格外耀眼。

▶▶ 汉纪 上　　▶▶ 赵充国安边

接着，赵充国率军前去平叛。汉军到达金城后立即渡过黄河，乘着夜色急速进军，到达落都后，却发现羌人在此没有留守军队，于是继续向西进军，抵达都尉府，建立大营，修建工事。羌军经常前来挑战，但汉军坚守不出，以静制动。赵充国希望以恩威并举的策略制服羌人部落，瓦解羌军。为了缓和关系，赵充国严令禁止将士斩杀羌人、烧毁牧场，即使羌人溃败而逃也不要追杀。时间一长，许多羌族部落感念其恩德，纷纷主动降汉。

公元前61年夏，赵充国领兵进入先零地区。羌人由于在此驻军时间较长，因此戒备不太严密。这时羌军突然看到汉军兵临城下，惊慌失措之下丢下物资渡水而逃。道路较窄，汉军又紧随其后，赵充国怕无路可退的羌军回头拼死抵抗，下令军队不要急追敌军。此战中，羌军掉入水里被淹死者有几百人之多，此外还有五百多人或是降汉或是被杀。

汉军一路追击，最后追到了罕羌的驻地。赵充国下令禁止将士烧毁民房、割禾放牧，于是又有一万多羌人投降汉军。

但是，宣帝依旧批评赵充国进军速度太过缓慢，随后令破羌将军辛武贤和强弩将军许延寿与赵充国合兵攻击先零的羌军。经过激战，辛武贤率军招降四千多羌人；许延寿则率军击杀两千多羌人；汉将赵印率军共斩杀和招降两千多羌人；赵充国也率军招降了五千多羌人。至此，羌军元气大伤。此后，宣帝令赵充国继续率军守卫边境，而其他汉军则返朝。

先零羌虽然兵败，但主力军尚存。他们陈兵于湟水之西，随时都可能重新侵扰汉境。但是，当时赵充国卧病在床，无法领兵出战，出于保护边境安全的考虑，便上书朝廷，提出了"屯田之策"。所谓"屯田之策"，就是将汉军的骑兵撤退，只留万余步兵驻守边境，同时垦荒种地，以农养战，以战护农，兵农一体，安边自给。不过，此提议却被朝中众多官员反对。于是，赵充国连发三封奏疏，反复说明这样做的好处，宣帝最终接受了他的提议。

公元前60年，羌先零统帅杨玉死于部下之手，他属下四千多名将士都投降了汉朝。至此，汉朝彻底平定了羌族的叛乱。

公元前52年，八十六岁的一代名将赵充国因病去世。

赵充国既是安定汉朝边境的名将，又是威震敌胆的军事家。他在七十多岁时还毛遂自荐，率军出战，六年后率军胜利班师还朝时已是年近八旬的老人了。他以如此高龄率军远征，最后还安边平叛，这恐怕是中外战争史上的唯一特例。

◀（汉）"汉归义羌长"铜印
1953年出土于新疆，高3.5厘米，印面边长2.3厘米，印面刻有篆文"汉归义羌长"，是汉政府发给羌族首领的官印，其中"归义"是汉政府给予其统辖的边远少数民族首领的一种封号。

少年读全景
资治通鉴故事 2

▶▶ 汉纪 上　　▶▶ 外交家常惠

汉纪 上
外交家常惠

常惠历仕汉武帝、汉昭帝、汉宣帝三朝，既是著名将领，又是著名的外交家。他在解决汉朝和西域诸国以及北匈奴的关系上筹算运谋，功劳显著，后世称其"明习外国事，勤劳数有功"。宣帝后期，常惠出任右将军之职，成为一名护国良将。

功勋卓著，受封侯爵

常惠，山西太原人，出身贫寒，但自幼勤奋好学，不善言谈。公元前100年，常惠主动应召，跟随中郎将苏武一起前往匈奴，不料却被匈奴扣留了十九年。在此期间，常惠和苏武一样，一直保持着宁死不降的气节，并在同匈奴权贵的斗争中表现出非凡的智慧和才干。常惠回朝后，汉昭帝认为他功绩卓著，将他晋升为光禄大夫。

汉昭帝死后，宣帝登基。这时，匈奴和汉朝又逐渐敌对起来，匈奴军经常骚扰汉境。为了联合西域各国一起反击匈奴，彻底解决边患，汉宣帝让熟悉匈奴事务的常惠担任校尉，持节前往乌孙国，希望与其结盟，合兵反击匈奴。

当时，乌孙国经常受到匈奴的侵扰。常惠到后，乌孙国王对与汉军结盟反击匈奴之事有些犹疑，他并不是不相信汉朝，而是担心以后遭到匈奴的报复。鉴于此，常惠对乌孙国王说："我们两国只有结成同盟，才能有力地反击匈奴，也可以开辟西域与汉朝的交通要道，促进两国之间的贸易发展，让两国百姓共同繁荣。如果我们不结盟，就无法消灭匈奴，而匈奴只要存在一日，我们就无法避免其害，不过到时遭受损失最大的肯定是你们。"

听了常惠的分析，乌孙国王最后同意和汉朝结盟，一起反击匈奴。不久，常惠随同翁归靡一道率领五万乌孙骑兵，昼夜兼程，直捣匈奴右谷蠡王王廷。经过激战，他们生擒了匈奴的皇亲国戚及近四万将士，夺得六十多万头牲畜。此战中，常惠不辱使命，圆满地完成了任务，其非凡的军事才能也显露出来。

战后，汉朝和乌孙的强敌被消灭了，两国的关系也得到了巩固。在此后的长期交往中，两国的边境开始逐渐安定下来。常惠由于立下大功，被宣帝册封为长罗侯。

▲ （西汉）猴戏牛贮贝器
贮贝器主要用来盛装贝币，器盖上的动物有牛、羊、马、猴、鸟、虎等，尤以牛最为多见，因为牛是财富的象征。这件贮贝器以猴戏牛为主题，造型活泼，铸造精细。

勤劳国事，青史留名

此战过后，常惠联合乌孙等国的军队，出击龟兹国，以惩罚其杀害汉朝将领赖丹之罪。然而事情已经过了六年之久，那时的国王已经去世。新国王出城向汉军赔罪："六年前我父王杀害汉将，并非其本意，而是受了大臣姑翼的挑唆。"常

汉纪 上　　外交家常惠

公元前64年，汉朝和匈奴在战略地位十分重要的车师国展开了激烈的争夺战。当战争陷入僵局时，匈奴派左大将率领大军攻击汉朝驻扎在西域的屯田军，最后汉军溃败。随后，匈奴奥鞬王的六千骑兵在车师国的旧王城交河城包围了汉将郑吉率领的屯田军。匈奴军多次攻城，但始终没有攻克，双方开始对峙起来。

就在这时，汉军内部却出现了分歧，有人认为车师国远离汉境，此战耗资巨大，所以应马上将汉朝在车师的屯田军撤回国内。此前，郑吉曾上奏朝廷，将汉朝驻军车师的作用阐述得非常清楚。他认为，车师国远离渠犁国，两国间分布着无数高山大川，车师的北面便是匈奴边境，朝廷应向车师增兵。

汉宣帝权衡再三，最后决定让常惠统帅张掖和酒泉两郡的精锐骑兵急速奔袭车师。经过昼夜驰骋，汉军最后抵达目的地并大败匈奴军。在常惠军的保护下，郑吉等人最后也安全地撤出交河城。随后，常惠率军抵达渠犁，然后令汉军分管屯田。

不久，苏武因病去世，朝廷让常惠代替苏武出任典属国之职，专门负责处理国家的外交事务。常惠在此任上兢兢业业，屡立功勋，成为西汉中期著名的外交活动家。

公元前51年，匈奴呼韩邪单于到长安拜见汉帝。至此，西域地区基本安定。这时，名将赵充国已病逝，所以常惠又被提拔为右将军，朝廷令他回长安任职。汉元帝登基三年后，常惠在长安去世，被追封为壮武侯。

作为大汉王朝的特使，常惠负责处理汉朝和西域各国的关系，和继任者郑吉及郑吉的继任者陈汤掌管西域军事达数十年，其间西域虽发生过数次叛乱，但都被及时平定。因此，常惠及其继任者对华夏统一做出了巨大的贡献。

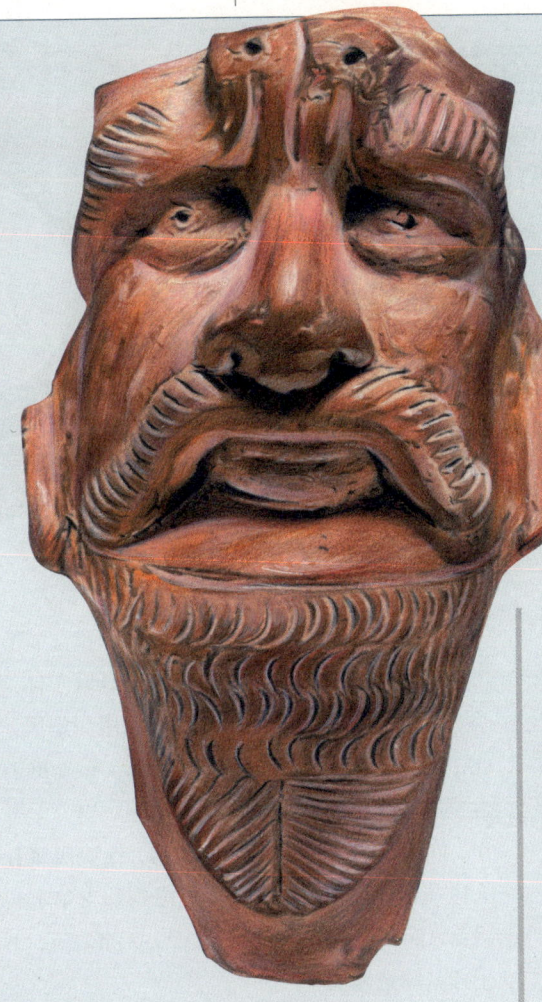

▲（汉）人头像
出土于新疆和田，头像肤色呈菊色，眉毛粗密，眼睛大张，造型精美，铸造精细。

惠说："既然如此，那就立即交出姑翼。"随后，龟兹王将姑翼交给汉军，常惠马上就将其斩于城下。汉朝的声威由此传遍西域诸国。

接着，汉朝恢复屯垦区，并迅速由轮台逐步推广到渠犁王国、伊循城。后来，屯田士兵与当地女子成家，于是西域诸国开始有了有汉人血统的百姓，这为日后中原统辖西域各国奠定了基础。

汉纪 上　　　陈汤平匈奴

汉纪 上
陈汤平匈奴

汉朝建立后,经过多年休养生息,到汉武帝时已是国力强盛,民生富足。在对外关系上,汉武帝采取软硬兼施的策略,打击匈奴并大大扩张了中国的版图。"犯强汉者,虽远必诛",此话体现了大汉帝国之天威,而说出此等霸气之语的人便是汉代名将陈汤。

追名逐利,出兵西域

陈汤,字子公,山东兖州人。陈汤从小便勤奋好学,长大后不仅博学多才,而且文采出众。但由于家境贫寒,他无法得到地方政府的推荐,无奈之下,便只得亲自前往长安,希望可以得到为官的机会。几年后,他结识了富平侯张勃,张勃认为他才学超群,便将其举荐给朝廷。

在待职期间,陈汤的父亲病故,他担心错过朝廷任命,并未按惯例回乡奔丧。汉朝以孝治天下,陈汤之举是冒天下之大不韪,因此遭到别人检举。推荐他的张勃也受到牵连,被剥夺了部分食邑,而陈汤则被打入大牢。

这次打击过后,陈汤又被推荐出任郎官之职。随后,他反复请求皇帝让自己出使外国,希望立功于边疆,最终他被调任为西域都护府副校尉,随同校尉甘延寿出使西域诸国。

匈奴呼韩邪单于曾投降汉朝,而郅支单于对汉朝助呼韩邪单于而不助自己之事耿耿于怀,便杀害汉使谷吉等人,随后向西逃到康居定居,由此,匈奴一分为二,分成南北两部。郅支单于经常率军攻击乌孙,烧杀掳掠,抢夺民财,无恶不作,同时逼迫邻国向其交纳贡物,致使西域各国人民痛苦不堪。当时,汉朝考虑到郅支单于实力强盛,而且远离汉境,鞭长莫及,无奈之下,不得不任其肆意妄为。

公元前36年,陈汤为了防止郅支单于影响汉廷控制西域,便建议甘延寿出击匈奴。他说:"匈奴人的天性是恃强凌弱,郅支单于残暴好战,串通康居,经常入侵邻国,最终目的就是想吞并乌孙和大宛。如果他吞并了这两个小国,那么西域各国就会受到威胁,到时必将给西域带来祸

◀（西汉）龙首青铜灶
铜灶呈船头形,正面为长方形灶门,灶面上有三孔灶眼,底附四个兽蹄形足,后插龙头造型烟筒。

汉纪 上　　陈汤平匈奴

◀（汉）蟠龙环
器型扁平，呈黄褐色，透雕蟠绕夔龙，首尾相接成一环形。夔龙张口露齿，头上有角，身刻云纹，尾刻鳞节纹。整件器物构思奇特，神态生动。

患。郅支单于及其大军虽然远离我方，但他们没有强弓，所以没有办法固守城池。假如我们征集屯田将士，联合乌孙等国的大军，然后长途奔袭，直捣其驻地，届时他将无路可退。此乃流传万世之功，我们不能错失良机。"

甘延寿听了他的分析后表示赞成，不过他认为应该先上报朝廷。但陈汤表示反对，他认为朝廷中全是无能之人，必定不会赞同他们的主张。然而甘延寿始终难下决心，加之突然患病卧床，无法理事。于是陈汤便趁机假托朝廷命令，征集西域诸国士兵以及汉朝驻扎在车师的护卫大军和屯田将士共计四万人之多，并强迫甘延寿一起出征。

万里扬威，封侯晋爵

接着，汉军兵分六路。甘延寿率领三路汉军出北道，从温宿国出发，经北道进入赤谷，过了乌孙，到达康居西面。陈汤则率领另三路出南道，越过葱岭，从小道到大宛。

汉军兵临距郅支城三里之遥的都赖水边安营扎寨。郅支主城是用土建成的，城外还有两座木城。当时几百名匈奴士兵穿盔戴甲上城，而城下则有一百多骑兵来回奔驰，另外还有一百多步兵站在城门两边，非常蔑视汉军。汉军万箭齐发，将城外的步兵和骑兵赶回了主城，随后击鼓进军，围攻主城，拿盾者冲在前，拿戟和弩的士兵则随在后。但是，匈奴士兵居高临下，向汉军射箭，结果汉军死伤无数。后来，汉军将柴草堆在城下，然后放火烧城，于是那些准备冲出木城的匈奴骑兵全部被射死。

郅支单于看到城破在即，便亲自率领部下登上土城守卫，结果鼻子中箭撤下土城。到了半夜，主城外的两座木城都被焚毁了，匈奴士兵又登上土城抵御汉军。

当时，前来支援匈奴的万余康居骑兵兵分十多路，在城外反复冲杀汉营。次日清晨，汉军冲破阻挠，一举攻克土城，康居援兵立即撤走了。郅支单于仅率一百多人逃向内室，最后伤重而亡。接着，汉军将匈奴阏氏、太子、王侯等一千五百多人全部诛杀。

此战过后，甘延寿和陈汤将郅支单于的人头和奏疏一同派人送到长安，并建议皇帝将郅支的人头挂在城头示众。"犯强汉者，虽远必诛"的千古豪言便出自这篇奏疏。

但是，陈汤非常贪财，打胜仗后便将战利品私分了。司隶校尉命令正在途中的官员对甘陈大军全面检查时，陈汤马上上书元帝："臣等率军征战沙场，攻杀郅支，以为必有使臣前来劳军，没想到来的却是捕贼的，这是要为郅支复仇吗？"元帝看到奏折后，立即下令停止检查，并命令汉军所过各县的官员准备饭菜犒赏大军。

经此一战，南北匈奴分裂的局面宣告结束，而汉朝的西北边境也得到了巩固。不过有些朝臣

少年读全景 资治通鉴故事 2

▶▶ 汉纪 上　　▶▶ 陈汤平匈奴

► (汉)石胡人俑
石俑头戴小冠,眉骨凸起,深目高鼻,两腮略残,身着紧身窄袖衫,下着紧腿裤,跪于方座之上。胡人面部精雕细琢,神态肃穆,是汉代石雕艺术珍品。

对此有不同看法,丞相匡衡和御史大夫繁延寿等人更是十分痛恨陈汤假借朝廷命令之举,对其非常鄙视。他们认为甘延寿和陈汤应被处死,要是反而对其重赏,恐怕后人会仿效。

这时,皇族刘向上书元帝,说甘陈二人战功卓著,能与开国名将相提并论,所以应该大加赏赐。刘向是元帝的长辈,其言辞分量不轻,元帝决定封赏甘延寿和陈汤。元帝最后赐封甘延寿为义成侯,赐封陈汤为关内侯。

王莽篡汉后,追谥陈汤为破胡壮侯,赐封其子陈冯为破胡侯、陈勋为讨狄侯。

陈汤击败郅支单于后,呼韩邪单于愈加臣服汉朝,表示甘愿长期守卫北藩,永远称臣。在汉朝的帮助下,呼韩邪单于后来统一了匈奴各部。

此后,汉元帝将王昭君嫁于呼韩邪,从而结束了一百多年来汉朝和匈奴之间的战斗,这种和平的局面一直持续了五十多年。之所以出现这种局面,陈汤功不可没。

▲ (汉)铜弩机构件
弩机是发射箭矢的机械装置,利用机械动力将箭矢射得更远、更有力。

汉纪 上　　石显邀宠弄权

汉纪 上
石显邀宠弄权

汉元帝登基后,皇权威势日渐下降,朝廷里的各派势力趁机崛起,明争暗斗。宦官石显不仅擅长处理朝务,而且还善于逢迎元帝,因此很快便受到了元帝的宠幸。此后,他串通外戚史高,欺骗皇帝,独揽朝政大权十六年。在此期间,他广布党羽,打击异己,败坏朝纲,使大汉王朝日渐衰落。

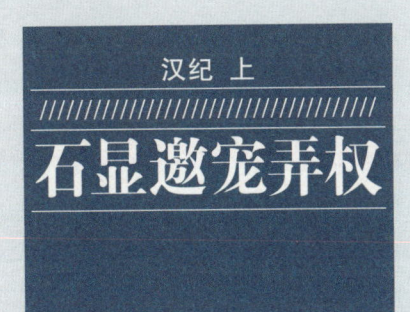

阿谀受宠,陷害大臣

石显,祖籍山东济南,年轻时触犯刑律被判处宫刑,只得进宫做了宦官。石显巧舌如簧,外表彬彬有礼,内心却狠毒无比。

汉宣帝当政后,精通刑律的石显被提拔为中书仆射,石显的同伴弘恭则被任命为中书令。从此以后,他们狼狈为奸,同流合污。好在宣帝英明睿智,始终没有赋予石显和弘恭实权。

宣帝死后,石显和弘恭的官位未变。他们依靠巧嘴利舌很快便得到了元帝的青睐和信任。元帝卧病在床时,将政务交与石显处理。石显表面尊敬群臣,内心却非常嫉恨他们,如果谁和他唱反调,他便怀恨在心,借机报复。

元帝之师萧望之看清了石显等人的本质。他认为石显等人就是朝廷的蛀虫,此患不除日后必将成为大患。于是他上书元帝,建议将石显等人罢免,并对外戚的权力加以限制。石显等人听说此事后,对萧望之充满仇恨,准备借机打击萧望之。

后来,石显让人诬陷萧望之,说他离间皇帝和外戚的关系,其目的是想主政,因此请元帝"谒者召致廷尉",即逮捕入狱。元帝在石显的教唆下批准了此奏。过了一段时间,元帝准备询问萧望之一些事情,便让人召唤,直到这时才知道萧望之已被打入大牢。他吃惊地问:"谁如此大胆,竟敢将朕的老师下狱?"弘恭和石显答道:"臣等是在陛下批准后才将其下狱的。"元帝说:"你们说'谒者召致廷尉',何曾说过下狱?"元帝不懂"谒者召致廷尉"之意就是逮捕下狱,于是他准备下令释放萧望之并恢复其官职。石显说:"陛下既然已经将老师下狱,若现在将其无罪释放,会损害陛下的威望。"元帝思虑了半天,还是下诏释放了萧望之,但罢免了他的官职。

萧望之被贬一个月后,陇西发生地震,死伤惨重。元帝以为这是苍天惩罚自己罢黜老师之过,便立即将萧望之召回朝廷,赐封其为关内侯,又准备让其担任丞相。石显、弘恭等人非常害怕,因此密

▲(西汉)黄褐釉狩猎纹博山奁
博山是传说中的海上仙山,以博山作为陶器装饰在汉代颇为流行。这件陶奁的盖子做成博山形,反映出当时人们热衷于追求长生不老的心态。

汉纪 上　　石显邀宠弄权

谋彻底除掉萧望之，并一再指使别人诬陷他。

萧望之之子散骑中郎萧伋上书为父申冤。元帝召集群臣讨论。百官慑于石显、弘恭之威，担心遭其报复，便一起批评萧望之不知自省，指使儿子上书为自己申冤，因此应该下狱。元帝看到百官都批评萧望之，便下令把萧望之打入大牢，准备过段时间再释放他。萧望之不曾想到自己会是如此结局，气愤难当，便服毒而死了。

陷人有术，保身有道

为了保护自己的既得利益，石显准备联合外戚加强自己的实力。他建议元帝重用冯皇妃的兄长冯逡。随后，元帝召见冯逡。冯逡进宫后，让元帝清退身边的随从，然后对元帝说："石显败坏朝纲，肆意妄为，陷害忠良，请陛下严加防范。"不料，此时的元帝早已被石显迷惑，他闻听冯逡之言后非常气愤，从此便不再理会冯逡。

石显探知此事后，对冯逡心生恨意。不久，御史大夫之职空缺，朝中官员们就举荐冯逡之兄冯野王补任。元帝征求石显的看法。石显说："冯野王为官清正，才识出众，由他出任御史大夫非常合适。不过他毕竟是冯皇妃之兄，如此必然会使陛下担上任人唯亲之名。"听了石显之言，元帝有些举棋不定，最终还是打消了让冯野王担任御史大夫的想法。

石显明白，自己目前确实大权在手，可以为所欲为，然而他十分担心元帝有朝一日会冷淡自己，于是他便处处设法表现自己对元帝的忠心。一天，石显准备出城处理公务，走之前对元帝说："微臣担心回城太晚，宫门关闭无法进城，请陛下让微臣以陛下之令打开城门。"元帝批准了。石显故意等到深夜才返城，来到城门时，他说自己有元帝之诏，因此叫人开了城门。

此后，有人上书元帝，说石显私传圣旨，独断专行。元帝看后，笑着交与石显。石显哭道："陛下宠信微臣，委以高位，因此引起了众人嫉恨，他们都想诬陷微臣，像这样的行为已经有很多次了，多亏皇上英明，臣才安然无恙。微臣才识浅薄，不堪大任，也无法让所有人满意，所以甘愿辞官，请陛下让微臣在宫里扫地，以此保命！"元帝听后非常感动，不仅没有怀疑他，反而更加宠信他，还不时地赏赐给他大量金银宝物。

元帝死后，汉成帝登基为帝。成帝大力提拔外戚，冷淡宦官，于是石显失去了往日的威风。后来，朝臣虽然大力检举其罪行，但终因没有证据而对他无可奈何，汉成帝只好将其罢官，让他回家养老。但是，石显却为此怏怏不快，最后在归家途中抑郁而亡。

◀（汉）彩绘侍女俑

汉纪 上　　昭君出塞

汉纪 上
昭君出塞

公元前33年，匈奴呼韩邪单于入汉称臣，同时请求与汉朝和亲，以使汉朝和匈奴之间永远休战。鉴于此，汉元帝准备从后宫嫔妃中选一人嫁给匈奴单于。听闻此事，王昭君自愿前往塞外和亲。一段千古传颂的"昭君出塞"的佳话便诞生了。

入选后宫，无缘面君

王昭君，名嫱，南郡秭归人，父亲王穰是一介平民。昭君出生时，王穰已经年老，因此他十分疼爱昭君。

昭君长大后十分貌美，人见人夸。而且她极其聪慧，琴棋书画无所不通，可谓才貌双全。昭君的名声很快便传到了长安。

后来，汉元帝派人到全国各地挑选美女。昭君理所当然地被选中。官员令她选择良辰吉日进宫。王穰婉辞道："小女年幼，实在不便前往。"但皇命不可违，不管王穰怎么找借口，还是无法留住昭君。不得已，昭君只好离家前往长安，等待皇帝的召见。

当时，后宫各色佳丽数不胜数。元帝根本没有时间去召见每一个后宫女子。为了节约时间，直接找到心仪之人，元帝就让宫廷画师毛延寿给所有宫女画像，然后从画像中挑选自己喜欢的。如此一来，画师毛延寿的作用便非常重要了。

许多宫女为了得到元帝召见，重金贿赂毛延寿。她们希望毛延寿把自己画成倾国倾城的美女，从而让元帝垂青于自己。

昭君不屑于贿赂毛延寿。毛延寿对此心怀不满，便故意没有画出昭君的绝色容貌，因此元帝也没有选中昭君。于是，过了很长时间昭君也没有得到元帝的召见。

自愿和亲，远赴匈奴

汉宣帝在位期间，匈奴贵族因为争夺权力而内乱不断，

◀《明妃出塞图》
此图为明代画家仇英所绘，画面长41.4厘米，宽33.8厘米，生动地描绘了昭君出塞的情景。

少年读全景 资治通鉴故事 2

▶▶ 汉纪 上　　▶▶ 昭君出塞

致使匈奴的实力日益下降。后来，匈奴形成了五个单于并存的局面。其中，呼韩邪单于败于兄长郅支单于。于是，呼韩邪单于为了借助汉朝的力量，决定和汉朝修好，亲自到长安觐见汉宣帝。

呼韩邪单于是首位入汉觐见汉朝皇帝的匈奴单于。汉宣帝亲自到长安郊外迎接他，并举办盛大的宴会为他接风洗尘。呼韩邪单于在长安住了一个多月。他请求宣帝助其一臂之力。宣帝同意了，随后派遣汉将率一万骑兵将他护送到漠南。呼韩邪单于的军队缺乏粮草，汉朝又送给他们许多粮草。此后，汉朝又出兵杀了郅支单于，帮助呼韩邪单于统一了匈奴各部。

公元前33年，为了表示愿和汉朝永世修好，呼韩邪单于再次到达长安，请求与汉朝和亲，希望元帝能将公主许配给他。元帝同意了单于的请求，不过他不愿将当朝公主远嫁到匈奴，于是决定从后宫中挑选一个宫女。元帝让人对后宫宫女传话道："谁愿前往匈奴，就将其封为公主。"

宫女们基本上都是从民间挑来的美女，进宫后便没了自由。虽然她们经常想借机离开皇宫，然而听闻是要远嫁匈奴，谁也不愿意。王昭君得知此事后，想到自己终年深居后宫，可能到死都见不到皇帝，于是毛遂自荐，甘愿远嫁匈奴。元帝听说后极其开心，决定在长安为呼韩邪单于和王昭君举办结婚典礼。

呼韩邪单于和王昭君进宫拜谢元帝时，元帝见昭君乃一个绝色美女，后宫嫔妃无人可比，便欲将昭君留下。然而，皇帝金口玉言，诏令已下，实在无法反悔，他只好让王昭君远嫁匈奴。事后，元帝派人拿来昭君的画像，发现画像与本人

◀（西汉）"单于和亲"瓦当
出土于内蒙古包头，直径15.5厘米。出现"单于和亲"文字的瓦当表明汉匈和亲在当时是一件盛事。

相差甚远，于是怒斩了毛延寿。

在汉朝和匈奴官员的护送下，昭君出长安奔赴匈奴。传说，昭君出塞时，由于心情抑郁，过分思乡，因此边走边弹琵琶。乐曲哀婉凄艳，正在南飞的大雁听到此曲后，全都飞落于昭君四周。因此，后世称赞王昭君有"落雁"之美。

顾全大局，青冢留名

昭君嫁给匈奴单于后，其兄弟便被朝廷册封为侯，并多次奉命出使匈奴，与昭君会面。至于呼韩邪单于，他将昭君看作是汉朝皇帝送与自己的礼物，对昭君十分宠幸。

日久天长，昭君逐渐适应了匈奴人的生活方式，并与匈奴人相处得十分融洽。昭君经常劝呼韩邪单于不要打仗、重视生产，同时还将中华文化传播到匈奴。此后，匈奴和汉朝之间连续五十多年没有发生过战事。

呼韩邪单于死后，按照匈奴人的风俗，其长子应该迎娶后母。此举与中原伦理道德相悖。不过，昭君以大局为重，答应了此事。

在匈奴生活期间，昭君生了一子二女。

昭君去世后，其墓地建在归化郊外。那里芳草青青，翠绿无比，因此后人称昭君墓为"青冢"。

昭君出塞和亲，她被后人奉为和平使者，功在当代，泽被后世。

汉纪 上

汉哀帝空有大志

汉哀帝从小熟读儒家经典，推崇节俭。他登基后，欲重振大汉雄风。此后，他采纳师丹限田限奴之策，限制土地兼并；任用贤才，勇于纳谏。但这些措施的推行遭到了群臣的阻挠。面对困难，汉哀帝的雄心壮志渐渐没有了。于是他开始宠幸男嬖董贤，任其肆意妄为。他自己也由一个本欲有所作为的君主逐步堕落成一个荒淫无度的昏君，而刘氏江山在此时已是摇摇欲坠。

改革失败，耽于声色

汉哀帝刘欣，字和，自幼喜读经书，文采出众，思维敏捷。

即位初期，面对汉朝中道衰落的局面，哀帝很想有所作为。他为此曾躬行节俭，勤奋办公，而且还起用了许多有识之士。

汉哀帝曾下令实行限田令和限奴令，试图抑制日益严重的土地兼并。此令一经颁布，就遭到了大贵族的强烈反对。

经过一番争辩，最后朝廷下令：诸侯王、列侯、公主和吏民占田数以三十顷为限；诸侯王的奴婢以两百人为限，列侯、公主以一百人为限，吏民以三十人为限。这个方案尽管给了官僚地主极大的特权，但还是遭到了权贵的反对。

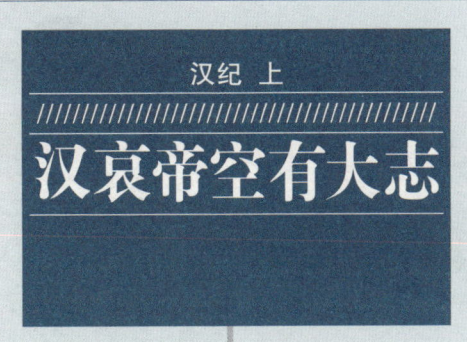

此外，长于权术的哀帝祖母太皇太后的干政，也使哀帝办起事情来力不从心，结果导致权力外移，朝风日坏。

哀帝后来还颁布了废除诽谤欺诋法、约束乐府、禁止各地进献名兽等条令。然而，以上举措再次遭到群臣反对。再加上汉哀帝也未坚持己见，结果这些政策都成了一纸空文。

面对种种困难和挫折，年轻的汉哀帝很快便气馁了。随后他便热衷于在酒色之中寻求刺激，即位不久便成为一个荒淫无能的昏君。

断袖之癖，后世诟病

在我国古代的皇帝中，汉哀帝刘欣是鲜有的一个不好女色的皇帝，但他有一个奇特的癖好，那就是宠爱男子。

哀帝登基不久，在宫里无意中看到一个"绝色宫女"，于是把"她"找来，才知道"她"竟然是男人，名叫董贤。汉哀帝认为男人长得如此美貌，真是罕见，后宫嫔妃也无人能与之相比。随后，哀帝提升董贤为黄门郎，让他跟在自己身边。

◀（西汉）灰釉刻花壶
高33.1厘米，喇叭口，长颈，斜肩，平底。颈部上下各饰有复线波纹，肩腹之间贴有三道复线凸弦纹，敞口朝上处、肩部及器内底部带有颜色偏绿的灰釉。

少年读全景 资治通鉴故事 2

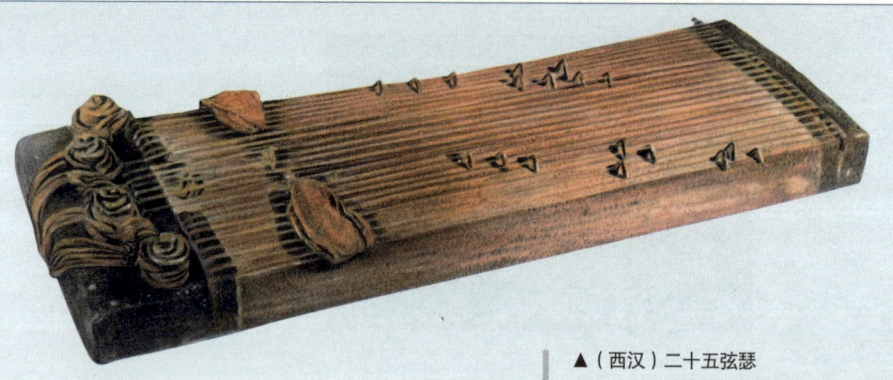

汉纪 上　　**汉哀帝空有大志**

▲（西汉）二十五弦瑟
出土于长沙马王堆汉墓，长116厘米，宽39.5厘米，除尾端涂黑漆外，通体光素，二十五根丝弦系于木枘，每根弦下有可移动的调音柱。这是历年出土文物中形制最完备的古瑟。

　　两人经常同卧同坐。一天，董贤枕着哀帝的衣袖与其一同午睡，哀帝醒来时董贤还在熟睡，哀帝欲将压在董贤身下的衣袖抽出，但又担心弄醒他，于是拔刀斩断自己的衣袖后离去。这就是后人将男性之间的恋情叫作"断袖之癖"的缘故。

　　董贤醒后，见身下压着哀帝的断袖，深感哀帝对自己的喜爱之情，从此越发温柔，时刻伴随在哀帝身边。其实董贤已有妻室，但哀帝一时一刻都不能离开他，于是特令董贤将家人和妻子接来皇宫。因此，董贤带着家眷入住皇宫，这样既便于哀帝召见自己，又便于自己照顾家人。

　　有一回，董贤之母身患重病，卧床休养。哀帝听说后，立即令下人到处祭祀祈福，而且下诏路人可以任意吃喝祭祀所供的物品。除此之外，凡是董贤家里有喜庆之事，哀帝都会令群臣备礼前去祝贺。

　　这时，哀帝对董贤的宠爱已经达到了极点。有一次，哀帝设宴款待朝臣，席间哀帝突然对董贤道："朕想学习尧舜禅让之举，让你继承帝位。"此话一出，宴上群臣顿时惊呆了，他们根本不敢相信哀帝竟会说出如此疯癫之语。不过，董贤却非常开心。然而毕竟事关重大，他也不知该怎么应答。正在他思虑之时，一位大臣说道：

"大汉王朝乃高祖所创，并不是陛下私有之物。大统理应归于刘氏子孙，使其万世相传，陛下作为九五之尊，怎能讲出如此不敬之语！"讲话之人是中常侍王闳，哀帝随后生气地将他驱逐出宴席。不过从此以后，哀帝再未提及禅让之事。

　　哀帝登基初期，生活十分朴素，从不曾耗费巨资兴建宫殿。然而，他对董贤却很阔绰，一出手便是大量财物。此外，哀帝还为董贤造了一座极其华丽的寓所，内部装修极其奢华。属国进贡之物，哀帝宁愿自己使用一般的，也要将最宝贵的赏给董贤。董贤家赏赐别人，也是出手大方，由此可见其富足。哀帝还令人将董贤之墓建在自己的陵墓旁边，期望死后与董贤相伴。

　　公元前1年，哀帝暴毙，时年二十六岁。王太后令王莽负责处理政务。随后，王莽上书控告董贤，禁止他入宫。董贤明白自己难逃一死，便自缢而亡了。王莽担心他装死，下令开棺验尸。同时，王莽下令没收董贤的所有财产。

　　汉哀帝登基之初，本欲做出一番成绩，怎奈他空有大志，却无才智，最终腐化为一代昏君。他在当政期间，用奸臣、贬忠臣、专宠男嬖、不理朝政，使朝廷陷于一片混乱。在汉哀帝的胡乱管理下，西汉政权已经日薄西山、岌岌可危了。

汉纪 上 　　王莽篡汉

王莽篡汉

西汉中期以后，几乎所有皇帝都由外戚辅政。汉元帝的皇后王政君一生辅佐了四任皇帝，主政时间长达六十余年。在此期间，王政君的侄子王莽依靠姑母的地位，再加上故作谦虚俭朴，收揽了人心。随着声望的攀升，他开始精心扩充自己的势力范围，终于在公元8年废汉称帝，建立了新朝。至此，西汉王朝退出了历史舞台。

攀附门庭，入朝为官

王莽，字巨君，魏郡元城人，元帝皇后王政君之侄。元帝当政时，王政君之父及其兄弟皆被封侯，唯独王莽之父过早离世而未能封侯。正因如此，王莽的堂兄弟们大都游手好闲、不学无术，而王莽由于父亲早亡，无人庇护，所以十分懂事。

王莽十分好学，知识渊博。对待亲属和师友，他谨守礼仪。他对母亲和寡嫂非常孝敬，而且亲自管教已故兄长之子。在生活上，他与一般儒生并无二致。

不过，王莽对那些位高权重的伯父、叔父却是百般逢迎，尤其是对主管朝政大权的大伯父王凤，更是极尽孝道。王凤生病时，王莽昼夜陪护，数月衣不解带。王凤极为感动，在弥留之际向朝廷极力举荐王莽。不久，王莽便被提升为黄门郎，随后又被任命为射声校尉，这时的王莽只有二十多岁。

公元前16年，王莽的叔父王商上书朝廷，希望把自己的封邑分给王莽。同时，众多知名人士也上书朝廷，对王莽的才华和品德大加称赞。成帝看到所有人都赞扬王莽，于是将王莽册封为新都侯，不久又将其提拔为骑都尉、光禄大夫、侍中。骑都尉可以领兵，光禄大夫可以参朝，侍中可以长伴皇帝身旁。这时的王莽身兼三职，可谓位高权重。

处心积虑，控制朝政

王莽身居高位，却不以自己为尊，其言行谦恭，礼贤下士。他将家中财物全部拿出来分给门客和平民，同时还供养众多著名士人，广交朝中握有实权的文武百官。因此，群臣总在成帝面前赞颂王莽。王莽之名传遍朝野上下，其叔父都无法与其相比。

这时王莽遇上一个劲敌，即王太后的外甥淳于长。当时，汉成

▼（西汉）五牛铜枕
高36.4厘米，长70厘米，宽13厘米。此铜枕为马鞍形，左右两端上翘。铜枕两端各有一头站立的牛，铜枕腹部有三头牛浮雕，牛造型雄健，肌肉饱满，犄角挺立，极富美感。

少年读全景
资治通鉴故事 2

▶▶ 汉纪 上　　▶▶ 王莽篡汉

◀ 王莽篡位

公元8年，王莽称帝，改国号为新，改长安为常安。

帝正欲废黜许皇后，册封赵飞燕为后。为了得到成帝的垂青，淳于长反复劝说王太后答应册封赵飞燕为后，最终王太后同意了。成帝非常感激淳于长，不久便册封他为关内侯，随后又晋升他为定陵侯。

淳于长居于高位，恃宠妄为，竟然与许皇后的姐姐勾搭成奸，后来还娶其为妾。为了逢迎许皇后，他多次向成帝进言，最后成帝又把许皇后升为了婕妤。不料，淳于长看到许皇后美丽动人，竟然斗胆戏弄许皇后。后来此事被王莽上报成帝，于是淳于长被罢官返回封地。后来，成帝又将他斩杀于牢里。淳于长死后，王莽便成为朝中最有权势的人。

汉成帝统治末期，主管朝政事务的王根病重，他极力推荐王莽接替其大司马之位。公元前8年，王莽被提拔为大司马，开始掌管朝政大权。

公元前7年，成帝驾崩，其侄刘欣继位，是为哀帝。哀帝登基后，希望自己主政，其母族也想控制朝政大权。王莽无奈辞职归家。但回家后王莽并未一蹶不振，反而更加谦恭地对待名士。

一次，王莽之母患病，许多朝臣派夫人前来探病，王莽的夫人出去迎接。当时，其夫人身穿旧衣，众夫人以为她只是王莽家的奴婢，后来才得知王莽之妻，大为吃惊。不久，王莽之子王获杀死了一个奴仆，王莽竟然逼王获自尽谢罪。此事

过后，王莽的声誉愈加响亮。

后来，哀帝去世，太皇太后王政君令王莽入宫处理后事。接着，王莽将时年九岁的平帝扶上帝位，同时派亲信上奏太皇太后王政君，让其不必操心国事，以养护身体为重。王政君以为王莽确实为自己着想，便将朝政事务全都交由王莽处理。自此以后，站在王莽一边的官员都被升官，反对王莽的官员则被残杀。

此后，王莽设法让自己的女儿做了平帝的皇后。平帝开始懂事后，对王莽的所作所为不满。于是，王莽阴谋毒杀了平帝。

随后，王莽迎立了只有两岁的刘婴为帝。此时，王莽已经产生了篡权夺位之念。

篡汉建新，危机四伏

公元8年，王莽登基称帝，国号为新，定都长安。至此，刘邦建立的西汉王朝，在经历了两百多年后宣告结束。

王莽称帝后，以复古改制为口号开始变法。首先，将全国的土地称为"王田"，禁止买卖；其次，将奴婢划为"私属"，也不准买卖；再次，重新制定物价，改革币制。然而，这些措施在地主的阻挠下，最后都成为一纸空文。王莽不仅没有消除社会的弊病，反而让国家陷于动荡不安之中。

此后，王莽欲发动对外战争来缓解国内矛盾，结果引起匈奴、西域和西南各部族的强烈反击。接着，王莽大肆征发徭役，加重税收，任由酷吏残害百姓。于是，不堪忍受的百姓纷纷揭竿而起。

这时，王莽之孙王宗欲篡权夺位，他私刻皇帝印章，被王莽发现后因恐惧而自尽。此后，王莽对自己的子孙也不再信任。

此时，全国各地起义烽火连绵不绝。在农民起义军的沉重打击下，王莽的新朝日益衰败。